麦 肯 锡 学 院

麦肯锡
晋升法则

47个小原则创造大改变

THE McKINSEY EDGE

Success Principles from the
World's Most Powerful
Consulting Firm

[英] 服部周作 著 韦玮 译
Shu Hattori

机械工业出版社
China Machine Press

图书在版编目（CIP）数据

麦肯锡晋升法则：47 个小原则创造大改变 /（英）服部周作（Shu Hattori）著；韦玮译．—北京：机械工业出版社，2020.9（2024.6 重印）
（麦肯锡学院）
书名原文：The McKinsey Edge: Success Principles from the World's Most Powerful Consulting Firm

ISBN 978-7-111-66494-9

I. 麦…　II. ①服…　②韦…　III. 企业管理 - 经验 - 英国　IV. F279.561.3

中国版本图书馆 CIP 数据核字（2020）第 173659 号

北京市版权局著作权合同登记　图字：01-2020-4455 号。

Shu Hattori. The McKinsey Edge: Success Principles from the World's Most Powerful Consulting Firm.

ISBN 978-1-259-58868-6

麦肯锡晋升法则：47 个小原则创造大改变

出版发行：机械工业出版社（北京市西城区百万庄大街 22 号　邮政编码：100037）
责任编辑：李晓敏
责任校对：殷　虹
印　　刷：三河市宏达印刷有限公司
版　　次：2024 年 6 月第 1 版第 11 次印刷
开　　本：130mm × 185mm　1/32
印　　张：8.5
书　　号：ISBN 978-7-111-66494-9
定　　价：59.00 元

客服电话：（010）88361066　68326294

总　序

麦肯锡商学院重装上阵、致敬经典

十年前，“麦肯锡学院”丛书陆续面世。十年来，《麦肯锡方法》《麦肯锡意识》《麦肯锡工具》和《麦肯锡传奇》这四本书加印三十余次，读者甚众。

埃隆·马斯克大谈“第一性原理”的时候，众人四处求索，这是什么神奇法门？蓦然回首，《麦肯锡方法》《麦肯锡意识》其实就是第一性原理的解题方法。

企业创新，言必称“敏捷组织”“敏捷方法”。定睛一瞧，《麦肯锡工具》与敏捷团队的工作手册高度一致，尤其适用于软件开发、产品开发以外的敏捷应用场景。

业界的共识基本形成：伟大的企业一定是由使命和价值观驱动的，而非单纯追逐利润。而且，越来越多的中国企业从“合伙人”这个古老的制度安排中寻找企业价值观塑造和传承的密码。作为专业服务领域合伙制企业的创业史诗,《麦肯锡传奇》充满了人性的光辉和尘封的细节。

在 2020 年这个大时代节点，再版“麦肯锡学院”丛书，幸甚至哉!

除了解题方法论这样的“硬核”技能之外，本次的新版丛书也增加了《麦肯锡领导力》这个“软核”话题。这本书是两位麦肯锡现任合伙人的新作——摒弃时髦的喧嚣，萃取经过时间考验的组织领导力十项原则。

当我们向经典致敬时，麦肯锡的同事们意识到，想要解决高度不确定的现实问题，或切实提升领导力，仅仅阅读书本毕竟有很大的局限性。因此，在过去几年中，我们投入了巨大的热情和精力，把这些方法和工具开发成学习课程，并以此为基础组建了麦肯锡商学院。这些麦肯锡商学院的训练课程，主要通过线上学习，践行个性化学习、游戏化互动、量化测评认证的原则。麦肯锡商学院与经典书籍相互辉映，用最新的科技和近百年沉淀下的实践智慧，为中国的人才赋能!

张海濛
麦肯锡全球资深合伙人
亚太区组织领导力咨询负责人

译者序

在 2020 年这个春日里，因为一场突如其来的疫情，周围的一切都慢了下来。人们不得不待在家里，却有了足够的时间回顾、总结、学习。对我来说，本来繁忙的生活像被按下了暂停键一样，暂时停在了今年的春节。于是，我决定做一些有意思的事情。一方面，我很珍惜这来之不易可以每天与家人相处的时间。另一方面，我决定把大部分原本的工作时间都用来写作一本关于数字化转型方法论的书。每每思路陷入困境的时候，我便会找来大量方法论类图书研读并参考其中的逻辑结构。我的前同事服部周作的这本书就这样因缘际会进入了我的视野，我用每天阅读和翻译一章的慢节奏，在春分时节完成了全文翻译。

与麦肯锡系列畅销书的大部分作者一样，服部周作也是只做到项目经理就离开了麦肯锡，并出版了如此畅销的著作。项目经理在咨询公司相当于传统企业的中层管理者，承上启下，看上去是管理一个不大的团队，但实际上是管理压力最大、对公司业务贡献也最大的一个群体。和我们大部分客户的中层管理者一样，这个群体的管理水平、交付效率乃至态度和积极性，决定了整个公司的效率水平和客户满意度。所以麦肯锡对这个群体最为关注，培训、辅导和激励等公司资源都向这个群体倾斜。项目经理一方面承受着来自客户的挑战（与客户交锋是最佳的学习途径），另一方面感受着来自合伙人的鞭策，因而成为领导力飞速提升的一个群体。

不过，和很多站在组织的角度拆解、分析麦肯锡成功之处的作者不同，服部周作基于自身经历，从一个庞大组织中的个人视角提炼出个人职业成长的 47 个原则。提起麦肯锡的咨询顾问，大家可能会立刻联想到诸如职场精英、天赋异禀之类的词。一个行业内部从业者多年无法解决的问题，麦肯锡精英们却可以只用几个月就提出行之有效的解决方案。的确，麦肯锡顾问个个思维敏捷、逻辑缜密，然而这些都是专业训练和实践后的结果。

服部周作用最接地气的语句，总结出他在麦肯锡“打怪升级”的秘籍，带你揭秘他在麦肯锡工作后一步步成长并成为领导者的收获和促使他成长的原因。

一个成功的领导者，必然会经历从领导自我、领导团队、领导单一职能部门到领导整体公司业务这几个关键的台阶。而领导自我和领导团队作为领导力的基础最为关键，是领导力大厦的基石。我见过很多负面的案例，都是由于晋升过快，年纪轻轻就做到很高的职位，管理很大的团队，但管理经验和管理能力却没有跟上而导致严重的问题，这种情况在最近几年的创业热潮中尤为普遍。2019 年年初我应邀去参加一家大型投资集团的年会并主持了他们的战略研讨会，参会的 CEO 中已经有半数的“80 后”和“90 后”，他们对自己的业务战略陈述和展望都相对明晰，但对组织和团队建设表现出不同程度的担心，尤其是对管理自己不熟悉的职能领域以及管理和考核比自己经验丰富的“70 后”表示无所适从。改善这种情况不只要靠经验的积累，更重要的是要学习应对各种场景的管理方法论，不断实践并最终找出最适合自己的管理之道。

管理方法论分为管人和成事的方法。管人更关注执行的效果，成事更关注执行的效率，但两者相辅相成、相互促进，没法完全分开。特别是对于中高层的管理者而言，管人和成事往往是业务管理的两个面，任何一面没有做好，都可能会全盘皆输。同样，一面做到极致，另一面也会因为个人领导力本质的提升同步升级。服部周作在书中提到很多这样的例子，有的是对项目工作内容和职责授权做简单调整（成事），从而大大提升了团队的幸福感和工作效率（管人）；有的则是通过找到关键的客户决策者或项目成员（管人），使得之前因为重大困难而停滞的项目工作开始出现转机（成事）。咨询公司大量的咨询项目是典型的高难度、多线程、高度浓缩的管人加成事的训练，大部分项目经理每年会直接领导两三个咨询项目，在方法论的学习和应用上会收获相当于在企业中积累 2～3 年的经验。

这两种方法论相比较，管人比成事需要更精进的修行。成事的方法论通常是流程和工具导向的，就像标准的说明书一样，照着步骤做，总不会出错，而且慢慢地就熟能生巧，内化为自己的习惯和经验，这就是我们通常讲到的管理的技术。所以管理首先是个技术活，成长为一个真正的领导者，首先要修炼做事的技术。管人则是一门艺术，需要更加高明灵活的技巧，不能照猫画虎，也没有标准的路径可以遵循。因此，书中用了超过一半的篇幅在讲不同的场景下应该怎么做出管人的决策，并把这些场景总结成了容易记忆和操作的原则。基于这些原则，年轻的管理者能够踩着前人的足迹小步前行，慢慢地摸着石头过河，积累足够多管人的自信和经验，接下来才能跋山涉水，甚至铺路搭桥，创造条件来解决复杂的管理问题。只有当你达到了较高的境界，尤其是拥有管人的多种经历后，才会真正领略这门艺术带来的美妙感受：这是职场晋升的核心，也是拥有领导力的最佳体现。

最后说到本书的书名，最早我想把它翻译成《麦肯锡秘籍》。麦肯锡的方法论体系，正如武林门派的秘籍一般，也分内功心法和外功招式。成事一类的方法论，很多都是从外部的行业最佳实践等总结而来的，正如我上面提到的，这类外功招式易学易练，很多人很快便能学会一招半式开始行走江湖，甚至如果把招式练得比较花哨，极易快速用来唬人。但是如果不沉下心来修炼自我，研习从律己到影响他人的技巧，就容易在修炼各类花哨招式的道路上走火入魔。术是起点，道是终点。在修炼这些方法论的同时，千万注意不能放弃对于强大内心的追求和对术背后道理的琢磨。同时，由于个体的差异，千万不要强行应用风格不适合自己的方法论。最后，要想成为一代宗师，则更需要在内功方面精进修行，通过外部反馈总结并形成属于自己的强大而独特的风格，最终为自己一路习来的理论体系添砖加瓦，输出属于自己的管理经验。正如武功的修行一样，外功短时见效，内功修行不易，但日积月累会产生巨大的能量。只要内功心法练到炉火纯青，一套平平无奇的少林长拳也能技惊四座。

本书的 47 个原则大部分都是内功心法，掌握这些方法并多加练习，可以让你从容应对职场路上的各种风云变幻，在这个动态复杂的职场江湖上笑到最后。最重要的是，实践出真知，书中的原则大多可以立刻从现在开始遵循。就如服部周作在书中说的那样，如果你不知道什么时候是改变自己的最佳时刻，那么就从现在开始！

致 谢

这些年来，我不知不觉写完了本书的大部分内容。在这之后，我又用了一年半的时间（离开麦肯锡后）进一步整理、丰富和总结。本书源于一个建议，一个让我出版成书的建议。然后这变成了一个希望，我希望我在学习阶段就能有这样一本书：简短、好用、实际。终于这成为现实，我很幸运能够找到一家也喜欢这个点子的出版社。

除了我自己在麦肯锡学到的智慧之外，我还从更多高人那里征集到很多非常棒的建议。一开始我希望这些访谈能有助于提炼我的所学，得出重中之重的内容。随着访谈的不断增加，细节也呼之欲出，我真的发现这些原则相互融合了起来。我在写到 40～50 个原则的时候进入了平台期，每当我想继续增加时，原则总是无法再那么水到渠成又自成体系。随着访谈的深入，我越发意识到原则的完美数量应该是 40～50 个。

我很感谢跟我一起开了无数场会议、参与本书的访谈、给予我在职教导的每一个人（依姓氏字母排序，麦肯锡同事以 * 号表示）：

Peter Bradd、Diane Ducarme*、Tim Fountaine*、Tina Hou*、Ulrich Huber*、James Huang、Laurent Kinet*、Genki Oka*、Rajesh Parekh*、Felix Poh*、Dave Rogers*、Tak Sakamoto*、Jeongmin Seong*、Kai Shen*、Roi Shigematsu*、Jonathan Woetzel*、Hagen Wulferth*、Karen Yeoh、Forrest Zhang*、Chanqing Zheng*。其他提供灵感给我的人包括 Wouter Aghina*、Gwen Blandin*、Kimberly Borden*、Jason Chen*、Nao Iwatani*、Davis Lin*、Robert Mathis*、Derrick Miu、Hyosoo Park*、Philipp Radtke*、Bill Wiseman*。

很难用言语表达我对奉献出时间和智慧的诸位的感谢，你们的支持和睿智帮我成就了这部作品。我要特别感谢几个人。政珉在架构方面给了我宝贵的意见。“还需要我介绍谁给你认识？”这句话也给予了我冲劲，让我知道我有一位强力后援。黛安娜的头脑风暴切割出了许多原则。还有，在我多次要忘记的时候，她总是提醒我："你想带着这份文件吗？"蒂姆在悉尼花了一整个早上与我讨论领导力。蒂姆，我不知道自己是否可以做你的写书导师，不过我随时乐意跟你讨论这事儿（我不会把你的想法透露给任何人）。

此外，我也要感谢麦格劳－希尔公司的编辑诺克斯·休斯顿。即使处在时差中，你也一直指引着我，在我精疲力竭的时候，是你带着我写出了一本精彩纷呈的书。我希望尽可能保持架构严谨，是你帮助我做到了这一点。

我还要感谢我的早期读者们：周润淑和德里克·缪。润淑，没有你的坦诚和及时的反馈，我永远不可能跃过第一个里程碑。谢谢你协助我走完整个过程，包括法律咨询。这的确是一段美妙的旅程，不是吗？没有你，我无法完成这一切。德里克，感谢你热情的鼓励。是你的激励让我做得更好，谢谢你成为我最好、最完美的朋友。

最后，如果不是我的太太卡门，我甚至无法厘清写作的思路；我一生对你感激不尽。写书是我长期以来的心愿之一，有如此有爱又体贴的伴侣是我的幸运。爸爸妈妈，谢谢你们让我在滨松市温馨的家里过夜，让我重新集中注意力。你们让我相信，我这辈子什么都做得到。我还要感谢我的兄弟 Tomo 给予我的精神支持（我想我的这段旅程开始于你 2004 年说的“带上这些去中国台湾吧”），也感谢他最好的朋友戴维·罗夫分享给我写书的经验并鼓励我试着写书。我还要感谢克里斯蒂、汤姆、枫杨、秀梅为我加油打气。

感恩所有在这段不可思议的旅程里启发过我的城市——东京、旧金山、多伦多、纽约、台北、上海、悉尼、昆士兰！

最后，祝你好运！

前言

缘起

这个世界上总有些人天赋异禀，他们有着过目不忘的本领，甚至他们可以只看一次事物即铭记终生。这样的人也许不需要依靠笔记总结事物原理与准则，他们吸纳万物就如海绵吸水一般。

而我则恰恰相反，事无巨细，我都希望记录下来。从一般的面谈反馈到会议指示再到公开演讲的重点甚至有趣的管理框架，我无所不记。我还会尝试创造不同的图表，让内容更加一目了然且方便记忆。事实上，我有两个笔记本：一个干净整齐，用于记录探讨与研究性的内容；另一个则比较潦草杂乱，用于记录日常事项。总的来说，人们通过探讨与研究来学习，接着把学习的知识付诸实践并通过实践收获经验，然后在经验累积到一定程度后获取能力。能力就是最终产物，在这一阶段，一旦精通某事便不会轻易失去这种能力。

2008 年 4 月，我进入麦肯锡公司并担任商业分析师。2010 年 6 月，我在公司直接晋升一个层级。之后，我辗转多个办公室并最终离开了麦肯锡，加入高朋网（Groupon）亚洲区，它是当时成长最快的电子商务公司，我在公司担任高管。不到一年，我的薪水就涨到了原来的三倍，达到了六位数之多。不过接下来我开始了自主创业，业务是关于惊喜求婚计划的。半年后，我的公司吸引了当地电视台和杂志社的注意，因为我的公司是那个细分领域中唯一的一家，同时也占领了整个市场。然而一年半以后，我意识到自己想重返麦肯锡。麦肯锡是一家最适合培养专业领导力的公司，而我并没有完全学到项目管理中所有的根本性细节。重返麦肯锡不到一年，我破了最快晋升纪录，成为项目经理。我一直以为这是决心加上运气的结果，直到 2013 年冬天。

2013 年冬天一个凛冽的早晨，我坐在麦肯锡办公室的休息区翻阅着那个用于记录探讨与研究性内容的笔记本，我称之为“规则手册”；我温习里面的用语、整理的图表，以及从过去的项目中总结的“共性原则”。我很喜欢当下的平和与宁静，坐在舒适的躺椅上，尽情享受早晨的阳光。在这个美好的时刻，一位同事停在我身边问我在做什么。在听完我的回答后，他拿起我的笔记本，眉毛也同时扬起。同事满脸惊奇，他建议我把写的东西出版。那是我第一次让别人看我写的东西，在这之前，我总觉得这样的笔记人人都会做。

一开始我有些犹豫，我不知道内容是否足够深入。之后我开始翻阅我的笔记本，慢慢地，我觉得同事的提议或许并不奇怪，我也许已经有了一个很充分的理由写这么一本书，分享我在麦肯锡收获的点滴智慧。

随着这个新计划的逐渐成形，我也开始向其他出类拔萃的同事征询意见。我心里想：“在他们成为杰出领导者的征途中，是不是也有自己的两三个黄金准则让他们如此成功？”果真如我所料，很多人都有几个秘而不宣的黄金准则。至此我已经笃定，我将要写的书将会创造伟大的价值。

事后来看，这个用于记录探讨与研究性内容的笔记本才是我成功的原因。不知不觉中，这个笔记本帮助我快速改正错误、预知可能的障碍并取得领先地位。简单来说，是它让我的思维敏捷并帮助我快速晋升到领导层。从更广的角度来说，这个笔记本不仅告诉我该做什么，还告诉我该怎么做。

我衷心期望阅读本书能让你获得同样的好处。更重要的是，你需要立刻将所学付诸实践。我每每在第二天或一有机会出现时，便试图把我的原则转化为行动。请尝试聚焦于对你真正重要的事情（本书第一条原则就是“聚焦于真正重要的部分”）并严格地身体力行。要一次性同时精通所有原则大概不可能，你需要先拟订计划，一次应用一部分。最后请谨记于心：练习等同于经验，而经验的累积将造就能力。

为什么你应该倾听

麦肯锡善于培养领导者。

不过正如一句老话所说：“领导者并非天生，而是后天塑造而成的。”

加入麦肯锡之前，我总是纳闷：为什么有这么多功成名就的人出自咨询公司，尤其是麦肯锡这样的公司。我找到了一些数据，《今日美国》的统计显示，在全世界市值超过 20 亿美元的上市公司中，麦肯锡校友㊀担任 CEO 的占比最高，达到了 1/690。第二名的数据跟麦肯锡差得有点远，占比只有 1/2150（也是一家知名咨询公司）。2011 年，在年营收超过 10 亿美元的公司中，其高层里有 150 位是麦肯锡校友。近年来《财富》500 强公司的 CEO 有 70 位出身麦肯锡，这是美国消费者新闻与商业频道（CNBC）统计的数字，他们引用了《财富》杂志驻纽约记者兼特约编辑达夫·麦克唐纳（Duff McDonald）的说法。在很多有雄心壮志的商业领袖心目中，麦肯锡是公认的培养 CEO 的西点军校。[1]

在加入麦肯锡之后，咨询顾问会接受一连串各式各样的领导力培训项目。这些持续一周的培训在咨询顾问加入麦肯锡 9～12 个月之后就会开始，并且在接下来的 10 年中几乎每年重复一次。培训的重点并不只是给予未来的领导者所需的各种不同的工具、流程、解决问题的

㊀ 麦肯锡公司将其前雇员称为“校友”。

方法论，更在于早早就开始培养其领袖意识。最终，我发现，很多人最大的障碍是缺少自我实现力。他们没有意识到自己其实可以成为领导者。麦肯锡在初期便提供各种不同的领导力训练，包括客户领导力、问题解决领导力、团队领导力、知识与职能型领导力、创业领导力等，从而帮助顾问们快速建立优势并发现弱点（麦肯锡将弱点称为“发展需求”）。像这样的领导力分类很有作用，因为它用简单明了的方式切割梳理了个体需要发展的特质。

关于领导者，一直存在一个刻板印象，那就是：他们是可以在台上发表动人演说的人，或是遭遇危机时能够镇定自若的人，或是用自己的力量伸出援手帮助他人的人。这些当然都是重要的领导者素质，然而优秀的领导者并非只有一种定义。举个苹果公司的例子，史蒂夫·乔布斯的接班人蒂姆·库克就不是一个特别擅长鼓舞人心的公众演说家。库克是一位坚定不移的运营大师，他有镇定自若的风度，可以一步步推动事情稳步前进。毋庸置疑，乔布斯是个有远见的推销高手，但在他去世之后，苹果公司在领导者风格迥异的库克掌舵之下，[2] 其巨额市值仍然持续增长至几乎翻倍。[⊖] 麦肯锡的很多咨询顾问、项目经理以及董事都不谋而合地提到，他们很少碰到风格一致的领导者。

领导者形形色色，有的不喜欢在众人面前演说但仍然表现出色。因此，当你还是学徒的时候，其实接触多种不同风格的领导者对你有莫大的好处。这也是麦肯锡的咨询顾问可以成长为杰出商业领袖的原因之一（别忘了占比是 1/690），因为几乎项目里的每一位咨询顾问都有很多机会，可以跟公司内部多位资深领导者和来自客户方的高层共事。

最困难的转变

很多咨询顾问在晋升至项目经理的角色时都有极具挑战却又最难忘的经历，这早已不是什么秘密。“毫不夸张地说，我当上项目经理负责的第一个项目是一场噩梦。”一位资深总监在访谈中曾这样说，“当时我与一位项目总

⊖ 乔布斯过世的前一天（2011 年 10 月 4 日），苹果的市值是 3460 亿美元；2014 年 11 月 26 日增加到 6980 亿美元，是五年来新高。作为参照，谷歌在 2014 年 11 月 26 日的市值是 3670 亿美元，微软的市值则是 3940 亿美元。

监（engagement director，ED）被分派到同一个交通运输项目中，他手上的项目一定太多了，根本顾不上帮助我，而我的团队里的咨询顾问，一个头脑不太正常，另一个则把我说的每一句话都当作耳旁风。第一次当项目经理的我那时还是一只菜鸟，我挣扎着让每个人撑下去。即使过了这么多年，回想起那次的经历仍觉得是梦魇。"说到这里，他笑了。还有一位董事表示："我的第一个项目很令人难忘。当时我有个咨询顾问表现得有点糟糕，我要他制作一个客户访谈过程的合集，结果他给了 50 个针对每个访谈总结的独立句子，我看到的时候就知道我的周末泡汤了。其实他不是逻辑思维有问题，而是有点执拗，你懂的。"这些故事并非特例，那是很多人生命中第一次全权负责一件事（由不得自己做主）却又无助地遭遇全面失控的经历。从最终的可交付成果到设计最佳工作流程，从有效分配项目任务到帮助团队维持积极性，从日复一日考虑客户需求（就像另一位项目总监所说："即使洗澡的时候也在考虑！"）到记录资深领导者连珠炮般的最新进度指示——事情排山倒海而来，快要把人压垮。没有退路，你不得不成为团队中来得最早、走得最晚的那个人。大家都在等你下达指示，而且必须是“成熟且可行”的指示。不过就像大部分的第一次一样，这些经历最初似乎把你打趴在地，但最终幸存者会习得幸存的策略。更重要的是，很多资深执行层领导和麦肯锡高层认为这些基础领导力原则会在你心中生根发芽直到你到达人生巅峰。你会从本书中看到不少这类例子。

本书的架构

本书分为五章。

塑造更好的自己：顾名思义，这一章关注自我提升。这一章将分为三大主题——取得进展、坚持下去和多面反省。本书有很多有趣的小主题贯穿其中，不过关于个人成功的核心可以归纳成几件简单的事：你必须未雨绸缪；你必须有破局的方法；你必须时刻反省才能在未来获得最大的成功。

与他人一同成长：这一章关注如何影响你的团队和其他利益相关者。领导力转型，一方面需要了解自身的成长需求，另一方面，也是非常重要，需要了解其他利益相关者的需求。这一章的三大主题是沟通、联结和理解。如果你希望团队成员成长，关键就在于你投入在他们身上的心力要多于你平时投入在自己身上的。这就是你在培养他人方面应该付出的努力。

精通流程管理：这一章与效率主题有关。我已替你找了几个工具作为帮手，协助你搭建、完善你目前的工作流程。要成为结构化与流程化导向的人，就一定要把基本的事情做对。因此，你会看到一些乍看好似人人都明白的原则，不过，俗话说得好："大多数（看起来）很简单的事情执行起来的难度都超乎想象。"

向前多做一步：这一章聚焦于六个高阶原则，需要你更深入地思考。最后两个原则——"迎接焕然一新的人生"和"创造自己的领导者'风格'"在你整个职业生涯中尤其重要。你必须尽早培养这样的思维方式，同时准备好迎接它们带来的改变。

成为思考者和作家：第5章也是本书最后一章，整合了所有原则形成一个主轴——思考使领导者与众不同。多问"如何""为什么"这类问题让你的世界更加充实、丰富。接着，厘清思绪，把思考得来的想法记录下来并转化为自己独特的步骤。管理咨询之父马文·鲍尔说过，优秀的写作能力有助于你梳理和提炼想法。

本书所列的成功原则应该不难落实。(如果难以落实，那就代表我解释得不够清楚。)正确看待这些原则的方法应该是这样的：这些原则都可以立刻开始执行，不过内化成个人能力前尚需要一些时间来消化这些原则。我采用的思考框架是先描述每一个原则，然后说明这个原则为什么重要、该如何执行，以及最适合用于何时、何地、何种情形。一位有着 20 多年高管辅导经验的资深教练曾经告诉我，要做成大事，必须先“设置一个极低的标准”，以便一开始容易达成。举个例子，不要一开始减肥就定下一周运动五次的标准，一周运动一次即可。如果连这样也觉得困难，那就一周一次把下班后打车或坐地铁回家的习惯改成走路回家。这位高管强调，循序渐进才是最重要的。因此，这些原则也应该循序渐进地践行。千里之行，始于足下，最终获得领导力。

现在就让我们拉开提升自我的序幕吧！

目　录

联结

理解

第 3 章　精通流程管理

生产力以及流程管理的利器

第 1 章

塑造更好的自己

知晓路径和亲自走过那条路是不一样的。[㊀]

——墨菲斯，电影《黑客帝国》

本章聚焦于根本上的自我提升（self-improvement）。典型的提升自我的方式是首先锁定自身的缺点和弱点，然后逐步改正。与通常的提升自我的方式对比，本章介绍的原则更加积极主动，因此更加有利于最大限度地放大你的优点。在我达到一个特定的成熟度之前，我一直以为自我提升是一场不确定的旅程，只有部分幸运的人可以达到。不过，后来我意识到，如果可以拟定个性化的自我提升的逻辑框架和自律原则，那么提升的效果会好很多。

对我来说，我把这些自律原则分为三部分，并称之为取得进展、坚持下去和多面反省。

㊀ 在沃卓斯基（Wachowskis）兄弟 1999 年导演的大型电影《黑客帝国》中，由劳伦斯·菲什伯恩饰演的墨菲斯告诉由基努·里维斯饰演的尼奥：“知晓路径和亲自走过那条路是不一样的。”当时尼奥试图告诉墨菲斯自己并不是救世主。当年 17 岁的我从这句话中领悟到：就算我已经很幸运地具备该有的条件，也知道该如何做，然而，要得到我想要的东西，必须付出努力，这个努力的过程不仅很艰难，还很难以想象。

取得进展

这部分有六大原则。接下来我把各原则的核心观念整理成一句话。

原则 1

聚焦于真正重要的部分。随时能敏锐地意识到你当下在做的事是什么，并且很清楚做那件事如何为你创造价值，或解决了你哪方面的问题。

原则 2

每个早晨从困难的事情做起。高效产出的一天从早晨做困难和痛苦的事情开始。

原则 3

捕捉小信号，创造大不同。将帕累托分析法（又称二八定律）用于每日生活中。

原则 4

准备好 30 秒万能回答。遇事之前提前设想好问题的答案，这需要熟练掌握“双击”原理并简明回答问题。

原则 5

任务开头全力以赴。在任务开始的第一周完成的工作越多越好，这样可以帮助你建立必要的威信并获得信任。同时，有几个核心基本原则可遵循。

原则 6

绘制出恰当的最终成果画像。养成积极绘制最终成果画像的习惯，从而早早地争取利益相关者的信任。

原则1 聚焦于真正重要的部分

麦肯锡的图表并不花里胡哨。除了标题之外，文字大小从头到尾都一样，字体则既不遵循客户的规定格式，又不默认用 Times New Roman。脚注有一套特殊的规则，图形和表格也有标准模板样式。无论是一张图表、一个信息，还是一种格式，一点儿都不花哨。因为我们希望受众把关注点放在其中的深意上，而形式只是干扰。麦肯锡的咨询顾问对每个字或每个用语都小心翼翼，因为它才是重点。

对 CEO 来说，数字最重要。甲骨文公司的 CEO 马克·赫德说他从 NCR——一家做消费交易技术的全球企业——的老板那里学到：演讲汇报是否优雅并不重要，归根结底，如果你给的数字烂到家了，那就没有什么好说的了。马克给出的建议是聚焦于“最根本的重点”。[1]

在画图表这件事上，基本每个进入麦肯锡的人都会重新修炼他过去念 MBA 或在其他公司学到的且引以为傲的画图表技能。他们不再用醒目的、动画式的标注文本框（callout），而改用空白的文字框搭配箭头指向一个由圆圈和等腰三角形组成的“人形图”。他们不再差异化地使用 12 号和 24 号两种文字大小来强调重点，而在一整页统一使用 14 号字体。此外，他们也不再使用绿色文字来表示某件事已经顺利完工，而是用一个由三个圆圈垂直排列的绿色交通信号灯标志。每个进入麦肯锡的人都能抓住图表中的精华。

如果希望或已经更上一层楼，你需要聚焦于对那个职位来说真正重要的部分。你可以在麦肯锡学到一套专门培养“问题解决型领导者”的课程。通过学习这套课程，你可以了解如何永远提前一步思考问题并通过整合各方利益来进行领导。身为领导，你常被董事和总监问到“你能不能和我们讲一下最新的进展”。这其实是在要求你“用 30 秒把这个项目中最重要的事情告诉我”。所以你必须从关键事件、任务、时间轴等角度切入，在脑子里不断整合和回放存在的问题、目前的解决方案、建议采取的处理方式。

至于什么是最重要的部分，产业不同，答案也不同。对汽车业来说，安全性和设计最重要；对制药业来说，药效的好坏、发挥药效的快慢、药效持续的时间长短最重要；对猎头公司来说，求职者在跳槽后平均待的时间长度最重要；对咨询业来说，给客户的建议以及该建议预估所带来的影响最重要——咨询顾问是遵循一系列解决问题的步骤才评估出建议和影响的。就麦肯锡来说，这中间一系列的过程包括：①清晰界定问题；②对问题进行结构化分析（采用 MECE[㊀]分析法，保证分析中没有遗漏核心问题且所有部分“相互独立、完全穷尽”）；③对子问题进行排序且剔除不重要的子问题；④制订分析和工作计划；⑤进行分析；⑥整理出有意义的结果；⑦形成合适的沟通方式和内容。最后，必须根据客户的能力、资源和执行力量身打造建议，以便产生实质的影响。很多时候，可能可以列举出多个重要事项，但是你还是需要明确哪些是重中之重。就汽车业来说，除了安全性和设计，人类工程学、耗油率、产品投放市场的时间可能也是重点。假设某个客户在意的问题

㊀ MECE，即 mutually exclusive collectively exhaustive，中文意思是“相互独立、完全穷尽”。

是如何在未来36个月交付一辆车的设计并进行量产，那么重中之重是产品从概念到生产完成的时间。整个团队先评估、分析产品投放市场时间表中排名前五的车厂，结果第一名是丰田，24个月就可推出一个新车型，而最慢的车厂则要花上40个月，差距大到难以想象！接下来的问题自然是为什么。这跟每家车厂所拥有的基础车型平台数量有关，丰田的最少，它旗下大部分汽车都在同一个平台生产，全球都是如此。这就逼着汽车设计必须按照一个特定的平台模型进行配合，于是缩短了从概念设计到平台量产的漫长过程。这个知识点对我们的客户来说就是金子，这就是重中之重。

若你把努力与付出都聚焦于最重要的基石，其他部分自然而然会各归其位。成功的创业家会告诉你别担心要给公司取什么名字，只要等到你的产品或服务的点子快实现的时候，公司的名字就会随之出现。话虽如此，但还是有很多人老是想着公司的名字、标志、名片好不好看等不那么关键的事。这些事情很重要，但不是关键点，尤其是在一开始的时候。聚焦于真正重要的部分，可以帮助你轻装上阵。因此，请你聚焦于打造业务的核心服务，然后进行内测。请你重复这个步骤，参与内测的人数越多越好。你可以发起对任何质疑和预测的挑战。通常当你听到自己说“等到业务走上正轨之后我再开始做这个”的时候，就要拉起警报立刻问自己：“为什么不能现在就做？”然后你要采取必要的渐进步骤来推进。你通常要经历做出决策—停止产出—缩减解决方案的范围这些步骤。无论这些事情是跟工作直接相关，还是与个人计划、能力提升、健康、感情等方面相关，请你尽力每次都要聚焦于真正重要的部分。

如何完成聚焦并进行优先级排序？有三个方法：①利用迫切感和期限；②建立或者遵循关键路径；③把任务与财务影响挂钩。

最首要也是最简单的方法是从期限最紧迫的事情着手。不必记录，你应该也在脑子里估计完成某项工作所需的大概时间。虽然估计有时会不太准，但仍不失为一个很好的起点，因为这样你就可以把那些远在天边的事情先抛到一边。做这件事的时候要采取客观的立场。以确定公司标志为例，这件事看起来似乎很重要且紧急，但其实不然。标志随时都可以更改，所以你可以暂时把这件事放到一边。你想想谷歌，它的标志其实并没有固定下来，主搜索页也经常改变。

其次，弄明白什么是实现目标必须遵循的关键路径。在麦肯锡，在做营销或品牌相关的项目时，我们有时会交付一项叫作“消费者决策旅程”（consumer decision journey）的工作内容。这个部分是为了弄清楚消费者买某个商品的决策是在何地、通过何种方式、出于何种原因而做出的。我们分别从目标消费者的外在与内在角度的分析中获得洞察力。从外在来说，我们会针对消费者的初步考量、线上或线下跟消费者的各种接触点（touch point）、接触点的介入时机、销售线索研究等因素，进行消费者调查和分析；从内在来说，我们描绘出一个理性大脑做出决定的过程导向图，我们称之为“消费者决策树”。举例来说，如果消费者要买一台新电视，我们会看看对消费者来说重要的五六个因素并进行排序，这些因素包括价格、品牌、尺寸、种类

（LCD/LED/OLED）和其他功能如高分辨率（HD）。一般来说，尺寸是第一考虑因素，接下来考虑的不是价格就是品牌，也可能会根据价格或品牌来调整尺寸需求。这些决策就是这棵“树”的分支。当你在某个情况下思考重点时，最好在脑中有一棵决策树。

最后，直接把任务与财务影响挂钩，这对大多数人来说是最直截了当且无比明确的方法。换句话说，就是把财务回报当成关键绩效指标（KPI），或者说是你的“猎物”。举个例子，作家都喜欢读书，也喜欢研究。我有时候会近乎疯狂地花费超级多的时间就一些主题进行思考，可是实际在纸上写出来内容才是真正取得进展，因为这是完成最终作品的唯一方式。作家要写出东西才能拿到钱，因此，花 3 小时做研究却只写出 3 个句子意味着写书这份工作的价值不大。这个道理听上去很简单易懂，但就是有很多人忽略了这个问题。就像音乐家必须有音乐作品的产出，但是很多音乐家可能会花很多时间听其他音乐家的作品来汲取灵感，你需要知道做哪一件事才能直接获得财务回报。截至目前，直接把任务与财务影响挂钩是最显而易见的、帮助你找出事情真正重要的部分的方式。

对于正在读本书的你来说，请同样聚焦于对你来说最重要的原则。立刻施行所有原则是不现实的，不如一次聚焦于落实一个原则来扎实地培养你的核心能力。

原则 2　每个早晨从困难的事情做起

“早起的鸟儿有虫吃”是一句经久不衰的谚语。清晨时分平和、宁静，是独处的最佳时间，而且很多人还没起床这件事可以让你稍稍自豪一下。坐在书桌前给自己倒一杯香醇的咖啡，你可以告诉自己：“是时候做点正事了。”

接下来的问题是：“这个大早上你应该集中精力做什么样的事情呢？”

应该做困难的事情。那么，什么是困难的事情呢？

你的待办事项清单是：

- 那些你最不想做的事情。
- 那些可以得到长期延迟回报的事情。
- 那些你总是说等到下午有三四个小时的完整时间再做的事情。
- 那些需要你全神贯注的事情。
- 那些痛苦的事情。
- 那些你最不知道如何处理，很可能需要外部协助，需要你尽快启动且认真思考的事情。

- 那些如果不早点开始工作分解和授权就会被卡住，最终只能自己包办的事情。

你实际的工作内容可能是：

- 撰写各类总结报告。
- 拟订接下来 3 个月的工作计划和时间表。
- 确定最终成果与目标。
- 起草高管研讨会需要的重要内容。
- 提供团队成员工作方面的新反馈。
- 撰写重要的电子邮件。

一般而言，早上适合做需要发明、创造和想象力的工作。

不适合在早上做的事情是：

- 编辑东西。
- 校对文件。
- 给你演讲汇报用的幻灯片增加几个佐证的句子或增加支持页。

- 回复电子邮件或者请求。
- 诸如把项目成员的电子邮件汇总这样的小事。

一般而言，更改、修复或破坏的事情不适合在早上做。

应该什么时候去做诸如更改、修复或破坏这类乏味、单调却又不得不做的事情呢？晚上！经过充满挑战的一天之后，你在晚餐时间一般已经疲乏不堪。即使晚上很安静，你也不会有脑力来检查和修订团队或客户的产出、聚焦在有价值的工作上、提出难题、做有创意的事、思考未来；你只想放松一下大脑，这时候最适合做那些被动、不太需要消耗脑力的工作。

养成“早睡早起”的生物钟是让你成长为一个主流领导者的重要习惯。快速过一遍 21 位著名 CEO 的每日起床时间我们便会发现，其中有八成 CEO 在早上 6:00 前就起床了。[2] 最习惯早起的是菲亚特克莱斯勒汽车公司的 CEO 塞尔吉奥 · 马尔乔内，他凌晨 3:30 就醒来与欧洲市场的同行打交道。维珍集团的 CEO 理查德 · 布兰森和星巴克的 CEO 霍华德 · 舒尔茨这两位明星领导者分别在早上 5:45 和早上 5:00 起床，[㊀]他们起床后做的第一件事都是运动。

现在请想想你心目中崇拜的领导者，他们都是什么时候发电子邮件的？大多是在清晨时分，除了那些 24 小时都在给你发消息的人，通常干我们这一行的大多是在清晨时分发信息。我曾经经手过一个项目，售后服务主管白天实在很忙，我只能在清晨的时间找他好好聊聊。我会和他在早上 7:15 坐在咖啡店一楼，花半个小时的时间与他讨论增加库存和延期交货之类的事情。那是我一天中最有效率的半小时。几个月前我去找他的时候，他仍然对这种早起讨论的策略称赞不已，我们也因为这个契机成为好朋友。我运气真好！首先，从年龄的角度来看，年纪越轻的人，越容易因为早起把事情做好而赢得尊重。我们都年轻过，非常了解年轻的时候早起有多难。

㊀ 同样习惯早起的公司 CEO 和创始人还有蒂姆·阿姆斯特朗［美国在线（AOL）］、卡伦·布莱克特［竞立媒体（MediaCom）］、卫翰思（爱立信）、杰夫·伊梅尔特（通用电气）、乌苏拉·伯恩斯（施乐）、英德拉·努伊（百事公司）、罗伯特·艾格（迪士尼）等。

从科学的角度来看，早起做困难的事也是合理的。人的体温在一天之内会有 0.5 摄氏度的波动，在清晨 4:00 或 5:00 的时候达到最低，而大脑在体温较低的时候运作最好（肉体则相反）。体温会在晚上 6:30～7:00 开始降低，一直持续降低到清晨 4:30 左右到达最低点。在这之后体温会再度上升，这是个起床的信号！调整适应新的作息是需要花点儿时间的，不过这会改变你工作的方式并让你的效率提高好几倍。

即便如此，也会有一些早上让人特别难以集中思绪或做事。你虽然起来了，但一点也不想开始工作。在这种情况下，我的建议是：不要写重要的电子邮件；不要提供团队成员工作上的反馈；不要急着写计划。在这种可怕的时刻，不如用阅读作为开始，选择一本商业类图书（或是励志类图书——我是这类图书的“死忠粉”），阅读你最喜欢的篇章。5～10 分钟后，你就会有做重要事情的冲动了。

原则 3　捕捉小信号，创造大不同

你擅长做什么？你的强项是什么？给你一分钟的时间写下来。我还记得前一阵子一个课程留的课后作业。当时，主持人要求我们在纸上写下 100 个不同的用来描述自己的形容词。这件事做起来特别费劲。请相信我，要想出 100 个褒义词并不容易，不过我还是依照要求写了出来。最后，她让我们圈出几个描述自己最贴切的词，然后再从中选出一个最终词。我最后选出的词是“有意思的”(interesting)。我喜欢做有意思的事、认识有意思的人、去有意思的地方、过有意思的生活。举个例子，我学过几年中文（我的第三语言），一开始只是因为好奇掌握一门新语言的感受。让我惊愕不已的是，现在说中文对我来说已经像是“与生俱来的”一样。也就是说，我已经到达了关键拐点，达到了母语级的发音水准。这很有意思，不是吗？

到达领导层的人对自己的了解很深刻，知道自己擅长什么，也知道该如何提升自己的强项。不过，我还想和你分享一个细节，正是细枝末节区分了领导者与普通人。在麦肯锡，我们追求“与众不同”（distinctive）。在整个顾问生涯中，我们都被迫要不断思考这个词。无论是在每个项目评估（称为“项目绩效评估”）环节，还是每半年一次的评估（称为“半年评估”），“与众不同”都是你可以得到的最高评判。如果你身边环绕的是一群身怀绝技、从顶尖学校毕业且拥有快速学习曲线的人，那么很难依靠“努力工作”这样的传统标准来炫耀或者获得“与众不同”的评定。你身边的几乎每一个人都是因为非常非常努力才可以来到这里，那么你还有什么额外可以做的呢？

你可以捕捉小信号，创造大不同。是不是感觉似曾相识？这不意外，因为这跟经济学家维尔弗雷多 · 帕累托发现的帕累托法则很类似。帕累托法则，又称为二八定律，认为 80% 的结果是由 20% 的因素决定的。帕累托分析法是一套很有效的解决问题的方法。比如我曾经做过一份次品率的归因分析，发现 80% 的引擎故障是由 20% 的不良部件造成的。尽管如此，我们在解决问题的时候却总是不用帕累托法则，更不要说再进一步应用于日常生活和领导生涯了。要是这样的思维模型可以大幅增加你成功的概率呢？

曾经一个项目经理告诉我，她在帮一个客户准备英文演讲。这个任务对中英文都很流利的她来说非常简单。她坐在那位客户的旁边，在客户用中文讲话的同时，她实时用英文打出来。那位客户本来很担心自己的演讲会变成一场灾难，后来对这位项目经理充满感激。如果这个故事仅此而已，就没什么意思了。补充一句，那位客户甚至并不是客户项目团队的核心成员，虽然其在那家公司的职位很高，但只跟那位项目经理在项目指导委员会层面的项目汇报上见过一次面。我这位麦肯锡同事的厉害之处就是她刚好捕捉到那位客户发出的很小的求救信号。因此，她毫不迟疑而又万分乐意地提供了帮助。之后随着项目的不断推进，有传闻说麦肯锡为客户提供了超出项目范围之外的帮助。就是靠着这一点点的绵薄之力，这位项目经理在客户和麦肯锡领导的心里都留下了“与众不同”的声誉。

我从这位项目经理的故事中总结出的是，她不只有感知他人的求救信号的能力，甚至对更加细微的信号都十分敏感。有一次，在中国香港地区的英式健康快餐餐厅——Pret A Manger，我的同事们正在热烈地讨论他们点的三明治和沙拉如果加上巧克力饼干会增加多少卡路里，最后他们选择不加饼干。结果他们发现，收银员给他们的餐点各加了两块巧克力饼干作为餐厅提供的小礼物！其中一位惊呆的同事转身要付钱，收银员却只是笑笑说："下次吧！"不用怀疑，那两位同事以后再来到中国香港地区或者其他地方的时候，一定是会再次光顾 Pret A Manger 的。那位收银员看来也很了解捕捉小信号这招。

想一想，配合你的强项，你明天可以如何以小见大。我可等着听你说有意思的事呢。

原则 4　准备好 30 秒万能回答

要快速打动他人，特别是在那些高管面前留下深刻的印象，简要回答非常重要。这些年来，我总是称之为“30 秒万能回答”。

可以连贯而快速地归纳整理大量资料，比如从多个访谈中找出关键点，这是种很罕见的能力。既不能太拘泥于细节，也不能太过空泛。此外，为了方便对方理解，还要根据不同听众量身打造你的回答。资深总监具备这种即刻调整波长的罕见能力。这种能力需要进行练习。你可以从今天就开始练习，而且可以很明显地观察到自己的进步。

首先，你需要预先想好答案。比如最近我跟一家体育用品制造公司的前 CEO 共进午餐，我们大多聊的是领导力的培养。然后他问我另外还做些什么，我提到自己最近有个授课机会。他接着问是什么主题，我告诉他主题与中国企业面临的组织挑战有关。接着他问：“那你认为有哪些组织挑战呢？”答案可以很长，于是我先抛出了几个他可能感兴趣的选项。我很快顺序罗列出了四类不同挑战的架构，紧接着他聚焦于继续探讨“薪资并不是留不住员工的最大因素”。我故意把这个选项放在最后，是因为我知道他会对员工的保留、培训和发展感兴趣。

我想要再强调一下，在很短的时间内传递大量且有意义的信息是不切实际的，所以你必须学习几个法则。

第一，要理解“双击”（double-clicking）原理。这类似于你在电商网站浏览某个产品的简介和评论，或是阅读某本畅销书的一小段。这些都足以勾起你的兴趣，但又不会让你知道全貌，所以最后你就会点击链接去看更多内容。同样地，30 秒回答也是给听者一个机会，让听者把注意力集中在他们感兴趣的地方。

第二，必须养成分拆主要问题的习惯。再举一个例子，若有高层问“这个项目进行得怎么样”，你得立刻站在对方的角度来思考，他们到底想知道什么。一般可以把以下四个问题作为解题思路。

（1）项目的整体情况是好还是坏？

（2）有没有一两个例子可以说明现在的情况？

（3）针对可能的问题，我有什么计划？

（4）高层可以提供什么帮助？

当进一步细分问题到底是什么时，最好的方法通常是使用代数式架构。这个等式要带入哪些关键变量才能给问题找到有意义的答案？作为一般准则，你可以使用类似“利益相关者、流程、时间表”这样的模式帮助你搭建内容架构。

第三，你需要时常按照飞镖圆靶的样子来思考你的回答。你的回答不是由内（红心）向外开始的，而是由外而内开始的。在你的回答中，你要给对方容易辨识的线索提示，好让你可以从最外圈迅速切入中心。所以，回答问题更像是做“提前几个步骤思考并解决问题”的练习，就像下棋时一样，提前预判对手的行动。以下是应该练习 30 秒回答的几个原因：

（1）你可以培养对他人需求的敏锐感知力。

（2）你可以练习归纳总结能力。

（3）你可以成为一个更好的表达者。

（4）你可以在不知不觉中把自己训练得像 CEO 那样思考。

原则 5　任务开头全力以赴

前项目经理、现职业发展主管黛安娜在一次谈话中告诉我："任何项目的第一天都应该跟其最后一天一样让人筋疲力尽。"你必须在第一周就显示出真本事，因为所有利益相关者，包括你的团队、客户、资深领导者会在第一周建立对你的印象，所以你务必要在这段时间内使出浑身解数尽力贡献出你的力量。许多资深领导者也在接受采访并回忆时给出过生动的描述，归根结底这就是麦肯锡人所谓的"准备第一周答案"。

图 1-1 是理论上会出现的 A、B 曲线及其下方的区域面积。假设曲线下方的区域面积是产出，也就是已完成的工作。A 曲线的产出在第一天就达到最高峰，对比来看，B 曲线逐渐上升，在第一周结束时才达到最高峰。图 1-1 例说明了理论上两种曲线风格即使完成的工作量（曲线下方的区域）完全一样，背后所代表的意义也是不一样的：客户和资深领导者对 A 曲线的满意度会比对 B 曲线高得多。

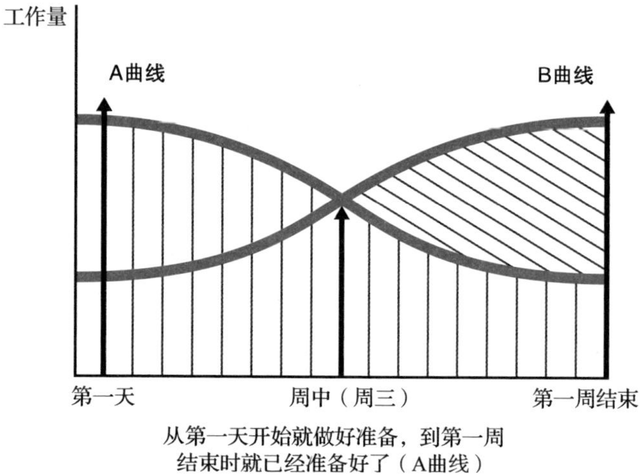

图 1-1　前置工作与典型工作曲线对比

任务开头全力以赴恰恰是你能快速学习与应用、掌控自己的生活节奏的证明。一位来自亿康先达（一家由多位前麦肯锡顾问创立的领先猎头公司）的资深猎头告诉我，一个学习速度快并且执行力强的人，有很大的机会很早就坐到高级管理层的位子，因为他拥有的是很难得的才能。事实上，正是因为当今商业社会发展变化极快，所以这才是尤其让人求之若渴的才能。谁熟练掌握了“任务开头全力以赴”的精髓，谁的未来便前途无量。

你该如何在任务的开头就全力以赴呢？你还需要做什么事情呢？

你需要在第一周就准备好“一箩筐必须做的事情”，千万不要抱着“以后再做某事”的态度迎接一个项目的开始。如果你眼下就可以做一件事，那就动手做完吧。

（1）**尽可能让资深领导者与你相处更久的时间。**理想状况是在一周的开始，你就预约资深领导者几小时的时间。你可以向领导者的助理求助，让其帮你完成预约。拥有这种心态非常重要。在一件事真正开始之前可以坐下来一起共事是绝对必要的。当你做到这一点之后，你会得益于以下两点：①你有机会提前勾勒出产出、项目架构、小细节；②你会被看成一个高度可信赖的、可以快速适应并具有陡峭学习曲线的人。

（2）**提前描述你的故事线结尾。**麦肯锡顾问之所以可以成为厉害的讲述者，是因为他们能够从每张花里胡哨的图表中提炼出几条可以写进 Word 文档里的重点。例如，当他们为某个媒体整合项目做增长战略时，我们只有这三个引导式问题需要了解：

1）眼下公司的市场定位是什么？

2）未来公司可以在哪个市场竞争、进军并扩大业务？

3）公司需要建立哪些组织能力或者具备哪些资源？

身为领导者，你总是希望大家避免做与本职工作无关的事情。你不会希望你的团队成员花很长的时间画一些最后都用不着的图表，如果这么做，你的威信很快就会损失殆尽。因此，不要脱离你的故事线。应该建立时间线，接着提出大致的想法和工作计划，然后分解工作步骤并让你的团队去执行。

（3）**找出所有需要迫切解决的问题的答案，千万不要说："我晚些时候再问。"**不同于一般的认知，问问题并不等同于无知或弱势。然而问问题也有一些诀窍让你不会被误解为无能，这包括你提问的方式、时间点、架构及问题的沟通方式。一般的经验法则是，首先，在第一周结束之前就先快速提出问题，因为这是唯一的"无风险”提问期。麦肯锡顾问在职业生涯早期就学会了这一招，因为说过的事情一般不会重复第二次。其次，利用好非正式场景询问敏感问题，比如能否在很忙碌的一周里请求休假。这时候双方都能比较容易地坦诚、非正式地进行讨论交流。(顺带一提，还需要记住敏感问题不要诉诸文字，比如写在电子邮件里，因为有人可能没办法回应。) 再次，晚一点儿再问与事实相关的问题，除非必须立刻知道答案，不然无法了解眼前正在讨论的问题。与事实相关的问题通常是相对容易回答的问题，你可以用你自己的时间处理（参考原则 19：回答难题之前暂停三秒)。举例来说，如果你加入了某个项目，想知道质子疗法（proton therapy）的细节，那么只要先了解大概的解释即可，稍后再进一步了解详情。比如，晚上在 YouTube 上看视频。最后，问问题时应厘清问题的优先顺序。以下是几个我会记在脑中的重要问题。

- 与视角相关的问题：谁是有经验的利益相关者？
- 关于利益相关者和工作投入的问题：这些关系会带来哪些挑战？

- 关于范围界定与目标成果匹配的问题：什么是假想的最佳状况？
- 关于风险和限制条件的问题：什么是主要的陷阱？

（4）**为你的团队成员做一个快速的背景调查。**这部分分成两个层面。首先，把团队成员找来，在项目开始之前彻底了解清楚每个人的强项和专长。其次，在第一天跟每个成员进行半小时的一对一谈话。这些谈话不是为了讨论项目，而是为了了解个人知识结构和动机。大多数情况下，团队成员都会对项目有一些个人观点，如果你已经掌握了前面的第 2 点和第 3 点，就应该开始和成员单独讨论项目范围、项目职责和必要任务。

（5）**妥善安排所有必要的会议。**第一周需要把所有必要会议的日期都敲定下来，对于以服务客户为主的咨询顾问来说更该如此。尽管如此，你还是需要考虑把最好的时间留给项目进度汇报和工作坊讨论。这就像订电影票或者音乐会票一样，越早订越能得到好位子。同样地，在这个时候若能提早完成这类后勤工作，那么你对重要时间节点以及需要提前整合的资源都分别是什么就更能做到必中有数。比方说，当心里对关键时间节点有数后，你会快速发现距离第一次项目进度汇报只剩下 12 个工作日了，那么你立刻就知道自己需要花更多的时间在上面才行。这个方法确实可以让你的计划更容易被理解。

（6）**对所有不需要亲自去做的工作进行授权**。以下这个方法通常在第一天用效果最好，这也是黛安娜告诉我的："问问你自己，'是什么在阻止我现在上床休息？睡觉前我唯一需要做的事情是什么？'"

面对任何不能让你感到兴奋的事情，你首先应该问自己一句："还有别人能做这件事吗？"例如，买某样东西、修复互联网、把利益相关者的电子邮件和电话联系方式整理成表格、支付各种杂项费用，可以把类似这样的工作一一列出来，问问自己能否分配出去。千万不要迟疑，你还有很多其他事情得在第一周处理，请把全部精力都放在上述第 1 点到第 5 点。

任务开头就全力以赴会让你头脑清醒。这种方法并非只在项目一开始有用，其中的精髓应该一直贯彻于你的职业生涯之中。如果你突然被调到一个新的地点设立分公司，或是被指派到一个新国家建立下一个配送中心，记得一定要尽可能在第一周全力以赴。通过这种方式，你所累积的信任、信誉、信心将会令你脱颖而出、所向披靡。千万不要犯拖延症，只要机会出现就立刻行动。

原则 6　绘制出恰当的最终成果画像

驾驶舱里的机长宣布你乘坐的飞机将在 30 分钟后降落。你默默道：糟糕，飞机上的电影还有 50 分钟才结束。你该怎么办？你很有可能把电影快进至结尾，这样才可以赶在为了安全降落而关闭电子设备之前匆匆看完它。万岁！看完电影后你欣慰地笑了，你乐得看到英雄又一次拯救了世界。

能看到结局很重要，这能让你获得一种成就感和清晰感，不然总会觉得有件事还没解决。

再举个例子，假如你雇用麦肯锡顾问做咨询，那么你作为客户，会更想看到以下哪一个情况？

（1）内容完整的 25 页报告，后面还有 25 页没出炉（假定的标题页上已注明将会有 50 页的报告交付）。

（2）半成品的 50 页报告，中间有差不多 25 页空白页，不过开头 3 页和结尾 3 页都已经完全定稿。

我希望你选择了第二种情况。当然在现实情况下，麦肯锡不会交付任何半成品；但是如果我告诉你，一个将要持续 3 个月的项目在第一周左右就会有类似第二种情况的文件在内部交流，你会惊讶吗？换句话说，麦肯锡总是会尽快早早整合出最终的成果画像。

如果把这两种假想情况放在同一个框架中，你面前就能呈现出画面。可以呈现项目的最终结果非常重要，因为人们总是宁愿跳过中间好几幕也非要把电影结局看明白，所以他们当然也想知道业务汇报过程的走向与结果。人都不喜欢等待，这也是你务必要记着尽快绘制出最终成果画像的原因。

在麦肯锡，我们把最终成果画像称为草图，而把第一次完整的汇报材料称为成稿。所有的咨询顾问都用这套专用术语来界定在这个阶段我们要达成怎样的完成度。如果最终成果画像并不明确，我们会立刻把这个当成一个重要问题识别出来。尤其在咨询行业，绘制图表是我们的核心工作内容，先用草图或者最终成果画像来与资深领导者探讨和获取反馈，以确保我们不是在毫无目标地凭空瞎想，也可以避免团队里资历尚浅的成员做无用功。

托马斯 · A. 爱迪生是一位拥有超过 1000 个专利的传奇发明家。对于这个才华横溢的人，除了直接联想到“天才”之外，你还会有“勤勉、在试错中学习、精力充沛”这几个印象。他说过的最有名的且众所周知的一句话是：“天才是 1% 的灵感加上 99% 的汗水。”不过，能以如此强大的信念去追求成功，不仅靠的是他的毅力、努力和幸运，还有赖于他提前描绘最终成果的能力。他已经知晓一个完美、实用的白炽灯泡会是什么模样，那么他只需要通过 10 000 次的失败实验来最终达到那个成果。

爱迪生是一位有远见的天才，这也是他的实力。假设你正要开始创业去卖饼干，如果有个来自未来的人以 99% 的把握告诉你，你的巧克力杏仁双层饼干会成为下一个爆款，你会继续做下去吗？即使遇到困难又吃力的环境你也会继续做下去吗？你当然一定会。你会想象出财源滚滚的情景，这时工作就不再只是工作了。爱迪生更加伟大的地方在于作为一个远见者，他的愿景并不停留在产品阶段。他的远见卓识使得他能看到消费者切身使用电灯泡的场景：他甚至能勾画出产品的商业化远景，这也是他跟其他发明家不同的地方，他为专利权而奋斗，因为他知道专利权未来可以为他带来源源不断的金钱以及垄断。[3]

当你知道自己想要什么，就会做得更好、更快，也更有斗志。一般来说，人都喜欢听自上而下的愿景，因此你必须预先把最终成果，也就是答案准备好，而不是边做边准备。演讲者要开门见山地说，“我有三点要分享给各位，分别是A、B和C”，而不是从A讲到B，再从B漫谈到C，最终结束。后者代表着不确定性；而前者则很明确，而且这种做法很聪明。

最终成果画像究竟是什么？建筑师和设计师都常常用到它。最终成果画像其实是你想构建的事物的一张蓝图或是一个框架。你的目标仍然在努力实现中，但最终成果画像就是能让你知道最后会是什么模样。

坚持下去

在“坚持下去”这部分有五大原则需要你牢记在心。

原则 7

在压力下保持微笑。在压力大的会议上，保持微笑可以减轻你的压力且让你保持专注，并完成工作。

原则 8

超越自我极限。成长不是光鲜亮丽的，而是痛苦不堪的。你需要耐心和行动力：尝试跳出思维局限，专注于当下。

原则 9

永远要设想最糟糕的情况。设想最糟糕的情况可以让你更快速做出决策，并且思考下一步的行动。

原则 10

及时跟进。及时跟进是一项重要技能。它可以增加你的可信度，让你保持领先。动态调整待办事项以期更快完成。

原则 11

高情商回绝。利用 24 小时原则以及评估机制更理智地拒绝，不要听高高在上、不了解实际情况的人的意见！

原则 7　在压力下保持微笑

你曾经处在巨大压力下过吗？会议上每个人都铁了心要给你好看。你满脑子想的只是如何把这段时间熬过去——从你踏进去那一刻一直到会议结束后你离开。整个过程令你极度不适。不过为什么要让这种事，特别是在某些商业情境下必然会出现的事，变成完全负面的经历呢？

现在，想象一下你眼前有个人脸上挂着大大的微笑，这个人可能是你的导师、老板或者家人。这时候的你会怎么样呢？是不是脸上也会有点儿笑容？当我们看到别人处在积极的状态里时，我们往往会模仿他们，这是一种自然反应。因此，当你所处的环境中无人微笑时，微笑会特别管用。在职业领域爬得越高的人，越擅长把情绪隐藏在笑容之下。这是一种了不起的能力，而且很少有人认识到这对领导者来说非常有用——不过现在你知道了。

卡门是麦肯锡的一位资深项目经理，她是那种很早就学会时刻展现笑容的领导者。在我们谈话的过程中，我可以感觉到她的情绪一直保持得非常稳定。她跟我分享了她如何学会保持沉着和笑容的故事。她曾经作为一位新人经理有半年的时间在跟一家制药厂的老板打交道，这家制药厂的老板常常不高兴，并且会在会议上大吼大叫。当时麦肯锡有个负责人挡在她前面，不管客户如何咆哮怒斥总能微笑以对，丝毫不以为意。

他是怎么办到的？为什么微笑对人的影响如此巨大？

要了解时刻保持微笑背后的本质，首先必须要回答以下这几个问题：

- 什么是事情的全貌？
- 我们是不是只是从不同角度想着解决同一个问题？
- 我能够把问题与人分开吗？
- 这股敌意的根源是什么？

通常来说，一个人换个心境或者试着换个心境，他就可以把自己从眼前的苦恼中释放出来。

微笑可以减轻压力，[4] 可以产生正面的情绪。当你微笑的时候，你倾向于多点头，那么一方面，对方会感受到这种认可，这样通常会消除对方的愤怒。另一方面，你则展现了更多自信。

保持微笑必然会让你少发脾气。这样你的思考会更加有逻辑，并能先人一步，因为对方可能陷入比较复杂的情绪状态之中。然而，这并不是要你用微笑来掩饰漠然或超然。你仍然需要用热情去表达你的赞同或反对，只是保持积极正面的态度可以让讨论继续进行。卡门跟我说了一件她与德国快递巨头 DHL 经历的事情。那天，DHL 本应把她的护照从代办处送来给她，可是物流部门搞砸了，DHL 反而要她亲自到 DHL 分公司拿护照。她打电话向客服人员投诉，但因为当天晚上她要赶飞机，所以没有办法，只好自己跑一趟，去了才发现护照已被发送到她家！火冒三丈的卡门在电话里大骂客服人员，她说自己从来没对任何人这样发过火。她后来仔细回想，那名客服人员在整个过程表现出的冷静、乐于助人、同理心，是她学习的榜样。当然，错不在那名客服人员，搞砸事情的是现场的物流。尽管如此，那名客服人员仍用正面的沉默聆听回应卡门的吵闹。所以最后卡门决定算了，让事情过去了。

提醒你一下，微笑有时候也会适得其反，会让对方更加愤怒。你需要练习微笑，以确保在需要派上用场的情况下，你的微笑是体面且让人舒服的，而不是不合时宜且刺眼的那种。当然，对方在谈话中会明白你不是真的开心，也明白你的微笑是带有目的性的。尽管如此，尽力掌控局面，对谈话双方才是最重要的。这总比带着严肃、负面甚至轻蔑的面部表情要好。

那就保持微笑吧！

原则 8　超越自我极限

一位于我亦师亦友的人很久之前对我说："坚强的意志是不言而喻的艺术。"

有些时候你会遇到无比艰难的环境，于是你会感到迷惘、遭受挫败、经历绝望。情况是如此令人不堪重负，以至于你的心智与肉体都陷入了瘫痪状态。你不可能带着这样的状态走到终点，这时投降认输看上去是唯一的选择。

蒂娜是麦肯锡最坚忍不拔、最坚定不移的项目领导者之一。她领导着年轻分析师的培训，她的声音响彻在整个楼层。对她来说，追求与众不同就是要有自信并坚定信念。

蒂娜有一年的时间都在和麦肯锡的一个难搞的新制药企业客户打交道。这位客户拓展了项目的初始范围，麦肯锡派驻了"1+5"小组（1 位项目经理加上 5 位商业分析师或顾问），而蒂娜是项目经理。为期 15 周的项目进行到一半时，情况变得让人难以忍受，以至于蒂娜差点儿就要写电子邮件给董事，告诉他们："我要退出项目。"蒂娜认为跟她以前处理过的项目相比，完成这个项目的每个工作模块都差不多是之前一个完整项目的工作量了。尽管她已经全力以赴，客户却仍不开心，整个团队也累得不行，甚至连资深领导者都绷紧了神经，这些都加深了她的自我怀疑。尽管有两位资深领导者很支持她，但反而使她更糟心了。类似"就算有他们的支持，我仍然做不出像样的让客户满意工作"这样的想法日夜在她脑中鸣响。

处在崩溃边缘的时候，该如何坚持下去呢？让我们仔细思考以下四个重点。

第一，你需要认识到，当你已经绷紧所有神经的时候，应该给自己一些时间暂停一下，让思虑静静流淌，然后告诉自己："没有成长是光鲜亮丽的，它们全都是痛苦的。而那些该死的魅力总是事后才会让人感知。"在绝望的时光里，压力和焦虑会迫使你变得悲观且目光短浅。在这个阶段你需要明白，你可能会感受不到自己的成长，甚至会觉得很迷惘。

第二，你得意识到，你需要耐心和行动力才能培养出处理事情的新能力。蒂娜的脑子里需要不断被重复告知：“我今天不知道该如何去做，但是明天我会知道，而且我会去做。”你需要向前走，踩着渐进的步伐，最糟糕的就是只抱怨不做事。和怨声载道相比，你一定要明白：“每个人都会有落入水底的经历，但是我们要有游上来的信念。”我从同样是麦肯锡咨询顾问的太太身上学到的众多事情之一，便是她从不抱怨。她总是会说：“如果你要发牢骚、抱怨、推卸责任或者指责，那还不如动手去做点儿什么。”自我成长专业训练的先驱者戴尔·卡耐基说过：“自怨自艾当下的处境，不仅是一种精力的浪费，还可能是你最糟糕的习惯。”

第三，向外寻求帮助，与他人吐槽你的痛点。如果你只是自己承担，就会扎进一个负面的循环里。“在极度折磨人的夜里，我甚至会在午夜打电话给我的导师，因为我根本没办法集中精力在工作上。”蒂娜摇着头回忆道，她说她持续地寻求帮助来减缓压力。她的导师告诉她，遇到这种情况时，通常问题已经不局限在“你”身上，而是存在于其他你看不到的枝节中。这话说得没错，当有多种因素塑造一个困局时，我们更应该归因到错误的源头上。所以有个真诚、在意你的导师给你指出正确的解决思路非常重要，向外寻求帮助可以让你跳出思维定式。

第四，你需要停止思考过去的失败和未来的不确定性。《深夜加油站遇见苏格拉底》一书的作者丹·米尔曼说过，我们每个人的脑子里都有两个“心灵”模式，一个会想着过去或未来，另一个会活在当下。要想掌控这两种模式，只需要让自己能清楚觉察到你当下所处的模式。如果在艰难的环境中诞生了一个小恶魔，它肯定会设法把你拉进过去或未来心灵模式，这时你得把这只小恶魔关起来。成功的领导者总是会专注眼下的问题和解决方案。遭遇棘手情况时，更需要进入“专注”模式。

经过那次里程碑式的项目之后，蒂娜说她再也不怕面对艰难的环境了。“我这周加入了一个老客户的第三个项目。项目已经进行到一半，我也有很多工作要赶，可是我也得到了丰厚的回报。我真心觉得坚持下去是有好处的。”她轻快地说着。

展示你的脆弱性，但是要有信念。你会成功的。没有成长是光鲜亮丽的，都伴随着痛苦。

原则 9　永远要设想最糟糕的情况

对失败的害怕总是让人消极而失去动力。不过大多数时候，事情其实并没有那么糟糕，而用设想最糟糕的情况的方法克服对失败的恐惧，可以帮助你一直前进。

你有没有想过为什么有些人在高压环境里还能镇定自若？为什么有些人可以在事情出错时快速做出决策？优秀的领导者，尤其是麦肯锡的领导者都有在逆境中扭转乾坤的能力。在面试中挑选候选人加入麦肯锡时，我们会寻找特别渴望成功的人。他们更有冒险精神，总是乐于寻找方法来摆脱困境以实现目标。

咨询顾问需要一再地问类似“我们可以做得更好吗？有我们还没注意到的点？”之类的问题。在麦肯锡的这段学徒时光里，很多人都养成了从以下两方面思考问题的习惯：

（1）让项目成果可视化，那么这些成果未来可以转化为客户具体的战略任务。

（2）准备好现成的对策或者提前安排好以解决问题

为目标的团队会议，以此应对突发状况。

我们这么做是因为会产生两种很好的思维模式。第一种模式可以让我们知道最佳情况大概是什么样子，这样我们就会开始推进思考至下一个阶段。资深总监和董事会不断挑战我们的极限，以帮助我们看到一种更好甚至更清晰的理想状态。第二种模式可以让我们知道一旦最坏的情况出现我们应该如何马上应对。因此换句话说，这种简单的训练可以拓展你的思维，并让你同时看到理想与非理想的状态。

有些在组织和项目里工作的人特别容易遭遇一些小问题——你不可能避免所有暗藏的陷阱或错误。面对这些状况时，平庸的领导者与优秀的领导者的区别就在于领导者是直接进入“救火”模式，还是有一套“对策驱动”的行动方案。前者算不上是思维模式；这类领导者就像消防员一样，警报拉响时便去灭火。这种方法时灵时不灵，因为他们缺乏必要的心理准备以及应急预案。在我的职业生涯中，亲眼见过不少人只会想到“事情顺利的情况”，不会想到“事情出错的预案”。

老实说，我自己就是一个典型的反面教材。因为总是希望事情进展完美，所以每个周日黄昏时分，我都会坐下来从“如何让事情更顺利”的角度去检讨我的项目进度。幸运的是，这个方法对很多项目都有效，直到在一个项目里我败得很惨，我才学到，在那些周日黄昏时分，我不仅应该思考最佳结果，也应该预设最糟糕的结果。思考最糟糕的情况时，还得预先想清楚到时候该找谁去讨论、哪些具体做法会有效。回到前面一开头提出的疑问，领导者能在高压之下保持冷静、能在麻烦出现时快速做出决策，这和他们多年不间断地练习这套方法是分不开的。

那么，我们在哪里可以找到这种预设状况的商业案例？并购案的战略评估项目或背景调查就是典型的例子。这个时候通常会出现好几种假设，你必须拟出不同版本的外部现实（包括大环境和竞争对手等），同样地，也必须细究内部的变化（公司成长或者衰退）。这些假想情况通常会分成三大类，分别称为基本情况、最佳情况和最坏情况。投资人对一家公司在遇到最坏情况时会如何应对是很感兴趣的。因此，在日复一日的工作中，你还得关注如果情况变坏该怎么办。

在项目制工作模式下，先定义最坏的情况，这有两个很明显的优点：

第一，你会比较能控制自己的情绪，因此心态会不错。你越是先有预期，焦虑就越会随之减弱。万一坏的情况真的发生（譬如进度审查不如预期），你也早已经做好应对计划、知道下一步该做什么，工作就能继续开展下去。

第二，可以让你准备得更充分。比方说，最坏的情况是宣传赞助商全都离你而去。于是，作为预案，你可能会设法从另外一组人马那边多储备两三个赞助商，你可能会持续跟这些人有更多的接触，你会进一步提出更加万无一失的机制，同时你会更加积极乐观，因为你已经尽了最大的努力。

这些年来，为了提高我预测最坏情况的能力，我选择扑克游戏作为社交活动。德州扑克这种游戏可以让你学到几个宝贵的教训，首先是如何立于不败之地；其次是止盈和止损；再次是连着输时保持冷静（摆出扑克脸不只是为了隐藏情绪以免透露自己手上牌的好坏，更是为了从头到尾都把自己的情绪隐藏起来）；最后是设想可能的最坏情况。对我来说，最坏的情况就是不到 15 分钟就输个精光。以上四个教训的共同点是深思熟虑下行的风险，而不是上行的奖励。如果抱着会大赢特赢的想法入场（也就是最佳情况），结果却输得一塌糊涂，你就会觉得糟糕透顶；如果想着你可能会输得一塌糊涂（也就是最坏情况），结果却好很多，你就会觉得很棒。

最好在项目刚开始时就设定最坏的假想情况，或者在最后一个或重要的里程碑出现之前进行设定。一开始的时候就设定很重要，如此才能做好心理准备接受任何糟糕的结果。至于在最后一个或重要的里程碑之前设定，则是为了尽可能地降低风险。

原则 10　及时跟进

有一次，我的同事看到一个年轻顾问因为记不起已经讨论过的事项而被责问。“如果你没忘记的话，那个观点我们在 3 个月前就讨论过！”“你为什么现在还提出几周前就已经讨论完的事情?”诸如此类。总监很恼火，那个顾问则是疯狂地翻文件、查看笔记，但这已经于事无补，总监彻底对他失去了信心。

及时跟进是一门艺术，无法一蹴而就。大家都知道跟进很重要，不过付诸执行却很困难。为什么很重要?很简单：因为你不想错失任何重要的机会，因为你想避免重大的损失，同时也因为你想证明你的参与度、认知，以及可靠的口碑。及时跟进是一个快速达到更高成熟度、建立更强可信度的方法。毋庸置疑，及时跟进对销售导向的职位来说非常重要（比如要能够准确记得过去的谈话要点），但是对人力资源这类行政职位来说也很重要。这是一种公认的、凭直觉就知道很重要的技能，然而你可能只看到少数人拥有这种能力。

为什么会这样？

（1）**因为一般人认为复盘总结不重要。**不同于更新最新进度或完成待办事项，复盘总结不容易引起注意。除非是你自己决定去做，否则不会有人逼你成为这方面的专家。当然，你有可能因为忘了某件事而遭到客户或资深领导者的责难，但那往往只是“一次性”的事件，事情过了就过了，你也不会回头再去“跟进你做错的部分”。因此一旦会议结束，一旦你的救火行动结束，你就会松懈下来，不会再去深入思考事情发生的根本原因。

（2）**因为重读笔记很烦人，除非你已经养成习惯。**我们的生活都很忙碌，往往只有在必要的时候（通常是有人问我们某件事，或是我们需要写东西的时候）才会拿出笔记重看。你有可能会规定自己“每天睡前要花 10 分钟温习一下笔记”，不过很少有人能真正做到，因为人通常只会被紧迫感驱动。

（3）**因为对自己的记忆力过度依赖且自负。**关于咨询顾问，流传着一种说法——“记笔记可以释放大脑去思考和解决问题”，你也应该如此。人的头脑和记忆其实不是很可靠，比如目击证人在法庭上做证时，重新唤起的记忆往往存在争议，因为记忆很容易受压力、时间流逝和外在因素的影响而被歪曲。[5]

要把及时跟进这件事做好，前提条件是要懂得编码。黛安娜在前面“任务开头全力以赴”原则中提到，“记笔记的能力是复盘总结的前提条件。要懂得利用简单的代码。圆圈、正方形、荧光笔都派得上用场，重点是可以用代码快速复制、完成”。她是内部同事和外部客户公认的复盘总结大师，客户会仿效她记笔记的方式。例如，在一场以创新为主题的研讨会上，黛安娜用正方形圈出必要的待办事项，然后用黄色荧光笔标出会持续几周的重点事项；如果是要花几个月才能完成的事项，则用不同的颜色来标示。如果是已经完成的事项，她会用橘色荧光笔来标示已经完成，她不会直接删掉，而总是留底。

你也可以制定一些有助于后续跟进的小规则。例如，有一位董事说，他做完专家访谈电话会议或结束跟客户的深入讨论后，一定会把他学到的要点记录下来并工整地总结成 3～4 个核心议题，这可以让他有效地记得特定细节。还有个总监说，即使项目已经结束，也不要不好意思邀请客户一起用餐。这也是另外一种形式的及时跟进，他常常建议没有经验的领导者这么做。你不必非得有特定理由或目的，你的目标就只是要“及时跟进”。

最后，只要我觉得哪怕有一点可能性会忘记某件事（这种事经常发生），我就会马上记在纸巾或收据背面。在你有个助理可以提醒你每个细节、提醒你要跟谁会面之前，请养成及时跟进的习惯。

原则 11　高情商回绝

有的人很会回绝，有的人则不是很擅长，他们的差别在哪里呢？

24 小时原则

逻辑思考需要在情绪稳定的情况下才能进行，但是当我们被布置了文山会海的工作时，情感便取代逻辑，直觉的本能反应就会冒出来。通常这些负面情绪要花很长时间才能平息，这远远超过你的想象。一位资深董事戴夫告诉我，他从导师那里得到的最佳忠告是“24 小时原则”。每当有人交代你力不能及的任务给你时，请等候 24 小时再婉拒。这个原则有两个基本支撑点：

（1）对方（通常是资深领导者）把你跟公司的最大利益放在心上。

（2）在情绪亢奋的情况下做出的负面回应或指责很容易令你懊悔。

例如，有个资深总监总是要你在向客户提案之前先做好建议书幻灯片，不管项目大小都是如此。有时候要解决的问题相对清楚，你也认同先准备基于假设的项目建议书可以大大提高你们赢得这个项目的概率。但有时候信息仍旧隐晦不明、缺乏价值，这时的难处就在于：你对这样的预备讨论一点儿把握也没有，而且你的判断力被遮蔽了，因为这时你心里只想着不要浪费宝贵的时间，只想着把时间放在最重要的事情上。在这种情况下，最好的应对方式是留 24 小时的思考时间，如此一来，你就会有更大的决定权。当你出现凭一时情绪来回绝的冲动，或是对自己的立场没有百分之百的把握时，请试试这个 24 小时原则。至少如果真的必须全力投入，你也会比较笃定，你的回应是认真、尽责的，这才是双赢。

被分配某个新任务时，你往往会马上就开始担心该怎么做，如会考虑资源、时间、能力等问题，这是因为你的想法已经被制约，一定会朝这个方向去思考。请换个方法，首先退后一步问自己一个简单的问题："做这件事的目的是什么？或者，我们为什么要做这件事？"

曾经有个客户要求我一位同事把一份100页的PDF档案转成PowerPoint幻灯片，客户强调这件事既重要又紧急，不过我那位很擅长回绝的同事并没有立刻埋头去做，反而有技巧地了解了实际状况——那位客户只不过是要把两个档案合而为一，以方便分发。于是我同事建议在议程栏位置加一个链接，直接链接到那个PDF档案。短短5分钟就把问题解决了，而不必花两天时间辛苦转换文件格式。虽然这类工作在麦肯锡通常可以扔给后台制作团队去处理，但是时刻思考更优解仍然是有必要的。

此外，快速做个大概估算，评估你投入的精力可产生多少价值，看看效益是否够大，这可以帮助你更精准地深入探究“为什么要做这件事”。可能的话，尽量以数字呈现，厘清目的以及估算出效益数字，可以让双方都清楚知道该任务的相对重要性。例如，我曾经有个制造业的客户，他们希望我们共同拟订一个完整的转型计划。客户那里跟我对接的人是个聪明、务实、反应快的人，他总是能够把讨论拉回到核心的数据上。我们做完三个市场的初步诊断之后，发现：①重新定义后的市场规模比客户先前预估的小很多；②这个市场只有几个百分点的增长。虽然其他部门主管已经在大力推动，投入更多资源以处理渠道、合作、消费者等问题，但他还是收回了计划。他知道目的是“转型”，也掌握了能说服人的“数据”（即使部门主管要求投入更多资源来解决问题），但是企业真正的问题并不在那里。他提议重新思考整个策略。我举双手赞成。我知道这样的结果对麦肯锡并不是最好的，但是对他及他的公司都是最恰当的决定。我就站在他身旁帮他阐明这个提议的好处，然后这个探究项目团队就解散了。

只有在目的和效益都有意义的情况下，才可以继续前进，寻求需要的人力、能力、时间线——也就是该如何做的部分。图 1-2 是我使用的快速评估方法，先从“目的”开始，然后衡量“效益”，接着再考虑适当的人力投入以及紧急程度。这个评估过程可以让你更能掌控整个计划，也可以帮助你成为一个更让人感觉可靠的领导者。

	目的是什么	效益够大吗	我们是合适的执行者吗	重要的完成时点是怎样的
更进一步思考	√从你身为项目负责人的角度退后一步，想一想这个目的是否有意义	√评估实际价值、顾客感知的价值、需要投入的时间和工作所需的精力	√确定这个团队以及成员是执行此项任务的最佳人选	√时间通常可以调整，非常紧急的工作必须是可控的
语气	开启对话，站在对方的立场思考	数字驱动，不动情绪	共同合作，希望将成果最大化	中性，但是关心最后完成期限
决定	做或不做	做或不做	做，可取得最大资源	做，时间安排很合理

图 1-2　快速评估方法

把握全局

资深领导者——在麦肯锡就是总监，喜欢给你的项目贡献点子。的确有许多不错的点子，但是你需要了解，这些领导者手上同时还有其他项目在进行。除非那个领导者是直属上司或客户对接人，不然的话，一位董事曾经告诉我："根据一般的经验法则，你大可不必理会他们大部分的点子，你可以向他们说，'我喜欢这 3 个点子（从 10 个里挑的），希望你帮我更深入了解这 3 个。’然后只聚焦于这几个好点子，不要理会其他 7 个你不想要的点子。这个方法很有效，因为人都有选择性记忆，通常其他 7 个马上就会被抛诸脑后。”万一那个人一再回来跟你提第四个或第九个点子，你就应该知道那些真的很重要。但要是那个资深领导者坚持 10 个点子都要保留呢？那就先假设他是心存善意的，然后试着了解一下为什么他会那么说。这时候的重点是要判定他是不接地气，只是想执行他以前见过的好做法，还是他真的想要帮你解决某一个问题。只要你持续保持正面看法，就能跟他维持良好互动与共识。

这种想法似乎在麦肯锡很普遍。政珉是副董事，以擅长“起死回生”而著称，备受信赖。他是这么说的：“优秀的项目领导者是收到 10 个点子，然后当场马上筛选出 5 个；平庸的领导者则是 10 个点子都采纳；糟糕的领导者则是把 10 个点子增加成 20 个。‘执行 3 个，产出有 120%’的效果，一定胜过‘执行 10 个，只产出 60%’的效果。”

最重要的是，不要忘记，擅长高情商回绝的人完成的工作其实反而更多。他们会遵循自己的方法，譬如 24 小时原则或某种评估过程，凡事从正面角度看待，然后不动情绪地做出回应。

多面反省

这部分有五大原则。

原则 12

对热情保持灵活的视角。在你当前的工作中开发拓展某些形式的热情而让自己充满干劲儿。

原则 13

“马文会怎么做？”找到自己的榜样。给自己的众多目标找出对应的不同学习榜样，多多益善。

原则 14

知道自己的能量来源。通过了解自己喜欢和不喜欢的东西而管理好自我的能量获取和消耗。

原则 15

慢跑嗅花香。将自己从日常工作中抽离出来，帮助自己拉长感知时间并设定优先级。

原则 16

制订承诺计划。设定理想目标并坚持按照计划行事，以此达成人生重要的事情。

原则 12　变通认知你的热情

请阅读以下三个句子并且告诉我哪一个更像是来自一个富有热情的人的真诚表达，然后从高到低按照可信度排序。

我可以充满热情地去做的事是：

（1）帮助别人解决问题。

（2）改善医疗系统。

（3）烘焙以及开糕点店。

让我猜一猜，你是否认为第三个最像真诚表达？同时，你的句子排序是否按照（3）——（2）——（1）的顺序？为什么会这样？因为第三个比第二个更具体、更实际，而第二个又比第一个更具体、更实际。我从前认为热情是那种出现在神奇的水晶球上很深奥的东西，它们听上去令人兴奋，它们独一无二、与众不同，可是现在我已经改变了这种看法。

一直到我领导生涯的后期，我才了解热情有许多不同的层次，并不局限于单一定义，也不见得一定要非常具体到使它有意义或者在我们心中占据合适位置。相反地，热情可以有千百种样子和大小，它只需要能代表你的个人风格即可。

回到上面的三句话，很显然这三个句子在诚实地描绘个人热情的维度上都没有问题。第一个例子，麦肯锡的一位资深总监告诉我，他的热情真的能解决问题。虽然他服务的是几个大药厂客户，但是他每天早上起床、享受工作的动力本身就来源于解决问题的那些流程。客户的问题越是晦涩难解，他越是有干劲儿。他特别喜欢进入复杂的迷宫，然后再自己找到出路。可以看得出来，他不是在骗人，他有十分强烈的热忱，而且他已经在麦肯锡工作了超过 17 年。

第二例子是蒂姆加入麦肯锡之前是医学博士（将近五年之前），现在他已经是董事了。进入麦肯锡几年后，他就下定决心要为麦肯锡在澳大利亚打造医疗保险业务，因为澳大利亚几乎没有医疗保险业务。他飞到伦敦执行一项任务，待了一年之后，回来的时候带着相关知识以及很多热心的支持者。当跟他谈到他的热情时，他的双眼炯炯有神："我的意图很真实，因为这个主题令我感到兴奋。通常，要找到自己的热情所在总是需要在你所能接触到的机会和你的擅长的领域之间权衡，所以我加入了第三个元素，问我自己：什么事令我最兴奋？"

第三个例子是关于前任商业分析师的，他后来变成甜点师傅，现在开了自己的蛋糕店。以上三个例子都是货真价实的关于热情的案例，案例中的三人谈到自己的热情时都显得异常兴奋。这是驱动他们每天早上起床然后精力充沛地去工作的动力。

因此，你必须找出自己的热情所在；不需要跟别人一样，只要你确定那是你充满干劲儿的原因就坚持下去，一直朝那个方向努力。我认为有太多人把宝贵的时间浪费在塑造、勉力支撑他们的热情上，只为了符合所谓"正确"。比方说，不断把自己的热情跟目前的职业区隔开来，无法对自己的工作感到满足。然而热情也可以简简单单，像是帮助他人成长，同时专注于多个项目并且被充实感点燃，喜欢事情出现戏剧性的变化，或者建立一系列子业务。

有些人还错误地把热情跟某个特定专业领域画上等号。比方说，不认为解决问题是一种热情，因为很多不同领域的人同样擅长解决问题。其实，不管你是商业大师也好，大学生也罢，不一定得达到什么最低门槛才能说服自己或他人这是热情。

热情也可以是个综合体。你可以同时对帮助他人成长、解决问题、医疗保健行业有热情，这并不是个单选题。人可能同时对很多不同的事都抱有热情，当然也可以同时有各种各样的热情。

然后你就需要花一番功夫找出这些热情中的关联。假设你对领导力的培养满怀热情，然而你加入麦肯锡后接到的第一个项目是帮助采矿企业调整企业规模——这似乎跟你的热情完全不相关，很多人也许会就此放弃，静待下一个可以结合他们热情的机遇。然而较积极主动的做法（自己掌握自己的命运）是主动从项目中找出可与你的热情结合之处。你可以为客户经理提供领导力培养的机会。在日复一日的工作中，没有特别合适的机遇是很正常的，重点是要寄予厚望，保持积极态度，找出连接的桥梁。

热情也有可能是偶然的，不过那只是表面看来。很多创业家宣称他们的点子是在意外中出现的。比如有人把充气床出租以分摊房租——爱彼迎的创始人布莱恩·切斯基；还有人是为了解决吸尘器堵塞的问题——戴森公司的创始人詹姆斯·戴森爵士；还有一个幸运的人在夏威夷跟海豚一起游泳时找到自己的灵感——赛富时（Salesforce.com）的创始人马克·贝尔奥夫。这些所谓“意外点子”之所以会找上他们，是因为他们本来就有潜在的热情。切斯基做过的早餐麦片生意虽然以失败告终，但他依旧热情不减，一心想创业；詹姆斯·戴森爵士对发明有熊熊燃烧的火炬般的热情；贝尔奥夫则是离开甲骨文公司之后，一直希望在商业与科技领域提供好的产品。[6]

认知热情并没有什么指导原则。热情就是你选择相信的东西，重点是找出让你快乐、让你在早上充满干劲儿的那股能量。我这辈子一直都很敬佩早上很早就起床还能兴致勃勃去上班的人，一开始我总是得强迫自己。我用了各种各样的方式来在大早上给我刺激（包括洗澡、散步、喝咖啡等)，让我加速运转起来，但是那些人就是能很自然地做、做、做，丝毫不停止，随时随地活在当下，实在很令人敬佩，同时也令我纳闷：这股劲儿到底是从哪里来的？他们是天生就如此自律，还是因为源自内心的本能？然后我遇到了一个人，我太太。她的热情(至少其中的一点)就是做事。她就是没办法停下来不动，每天都必须很高效才行。她每天早上都很早起床，连周末和假日都不例外，一定要做点什么事。

这就是你想要的。埃隆 · 马斯克（知名的连续创业者，曾创办 SpaceX，联合创办 PayPal 和特斯拉）曾说过："回归到事物最基础的本源，然后从那里开始做逻辑推论。"他的热情在于回归到事物的基本元素，并以此为基础打造新事物，所以他才能多维度横跨不同领域创业。

试着去抓住能激发你内在共鸣的东西（不管是多么粗糙、多么未经雕琢的钻石原石)，然后由此出发。重点是，你愿意被点燃热情并投入 120% 的精力去让某件事尽可能发生。因此，对热情保持灵活的视角，这样可以让你超越自我和快速成长。

原则 13 “马文会怎么做?”找到自己的榜样

在职业生涯的某个时刻，你总会面临做敏感决策的时候。等到你高升至领导职位，你要么已经处理过这类问题，要么即将面临处理这类问题的情况。这是必经的过程，所以你必须用正确的心态来面对。

麦肯锡的顾问经常会问这个问题：“马文会怎么做?”马文是麦肯锡创立时的总经理，全名马文·鲍尔（1903—2003），他创立了麦肯锡的核心价值观，奠定了现代管理咨询行业的业务模式。马文大力强调榜样的重要性。每当顾问们认为他们所做的无法给客户带来正向的改变或收益时，或是每当某些工作内容只能让某个个人得利但对整体利益有损时，他们就会扪心自问：“马文会怎么做?”在麦肯锡待过的人都知道，基于这些原则或因为效益有限而终止、拒绝客户委托的情况并不少见，马文拒绝了亿万富翁、企业家兼飞行员霍华德·休斯就是所有顾问都耳熟能详的故事。马文拒绝休斯是基于休斯经营管理企业的风格，另外，休斯的组织并不真正想被管理。我还记得来麦肯锡面试时，一位资深董事告诉我，在麦肯锡工作的好处之一是可以学会避免做错误的事情。也就是说“有表达异议的义务”（obligation to dissent），意思是只要你觉得有错，就要告诉上级。这可不是纸上谈兵，不论资历，任何顾问都需要经常履行这项义务。

麦肯锡宣扬正直、理智判断的工作方式，这也是优秀领导者的信条。顾问们学到，若想在麦肯锡获得成功，遵守职业操守是必需的，这也适用于他们从事其他工作。从进入麦肯锡开始，顾问就学会不可透露机密资料或客户名字给第三方，即使是朋友也不例外。我还没见过有哪个麦肯锡顾问在服务期间把客户名字透露给外人（甚至离职后也坚决不透露），即使是对亲密的朋友也保密。为什么？是什么因素促使他们如此忠于规定？要知道，强制规定所有人的行为操守并不容易，尤其是对于像透露客户名字这类小事。当你跟朋友在餐厅吃饭时，对方一开始的闲话家常通常是：“你最近在做什么？”

然后你含糊不清地提了一下项目的主题和哪个行业之后，朋友接着问："所以你是在帮辉瑞制药还是在帮强生公司？"这时候，你不知不觉地就会点头表态了。但是麦肯锡的顾问并不会，为什么？

这就是找个榜样或自问"某人会怎么做"之所以重要的原因。很多顾问对教导他们的前辈或榜样心怀敬意。由于麦肯锡的哲学比较接近"精通技艺"，所以顾问不是因为害怕受罚才不违反规定，而是为了成为他人的榜样。有一次，我无意中听到一位资深顾问与同事的通话。这位资深顾问当时急着接收一份PowerPoint文件，因为资深董事要在一小时内看到这份文件。本来应该要发送到这位资深顾问的公司邮箱才对，但是电话另一头的同事却说了一句令人神经紧张的话："我试试用谷歌邮箱（Gmail）发送过去，因为公司的虚拟专用网络（VPN）连不上去。"在时间紧迫的条件之下，这方法听起来正确无误，但是却违反安全守则。这位资深顾问回答："我亲自过去拿文件，或者你送过来？同时，我会发一封邮件通知董事需要重新安排讨论的时间。"我不知道后来的情况如何，不过这个例子体现了麦肯锡的行为准则——既然立下了好榜样，就要以正确的方式身体力行。

思考榜样会怎么做不仅适用于处理敏感问题，而且还能运用到其他事情上，包括与你的团队和你的客户交流、跟你的上司谈话，都能产生正面的作用，在沟通和决策上则更加有用。例如，写电子邮件给上司请求批准时，通常以语言简短但有说服力为最好。在你仔细检查用词时，不仅要从第三方的角度来看，而且要把自己想象成你所景仰的资深领导者，从他的角度再重新读一次，并且进行一番思考：如果是他，他会怎么写这封信给我？他会选择使用哪些词语？他会写得更婉转还是更直接？然后再退一步自问："等一下，我真的应该写这封信吗？打个电话或在办公室外头问他是不是更好？"这时你已经进入对方的行为模式，这是最有效的交流方法。通过榜样，你从思考"这封信这样写对吗"到思考"我真的应该写这封信吗"。

人类天生会带着狭隘的条条框框来看待事物，榜样可以带你打破这些条条框框，使你看到更广阔的天地。不同的场合要有不同的榜样，同一个榜样不可能适用于全部情景。例如，我很爱打网球，打网球的时候，我不可能拿同事或长官当榜样，而会以教练、高中的对手甚至球王罗杰·费德勒为榜样，不过更进一步还得替每次不同的击球找到不同的榜样：打反手球时要像高中的对手、上网截击要像教练、战术运用要尽量做到费德勒那般。在商业环境中也可以如法炮制，以项目汇报来说：小会议要表现得像 A，大会议要表现得像 B，因为这两种场合运用到的是两种不同的技能。你的榜样名单至少要有十个人。

原则 14　知道自己的能量来源

你每天的工作量可能会不大一样，有些日子压力特别大、特别忙碌，这时候通常无法掌控自己的行程；这里需要你完成一件事，那里又需要你完成一件事，然后再跑去开一个又一个会议，你似乎被牵着走，精力完全被榨干。但如果静下来想一想，你会发现，最让你身心俱疲的是缺乏掌控力而产生的压力。区分成功领导者和一般人的一个简单标准是：领导者都知道如何找回活力、释放压力。

大约在五年前，我看了铃木一郎的纪录片，这位势必会进入棒球名人堂的日本球员效力过纽约扬基队、西雅图水手队，纪录片的内容是探讨他杰出赛事记录背后的因素。片子进行到一半左右，访谈者问他通常会做什么来应对压力和疲乏，铃木一郎回答（以下句子改写过）：“棒球上的压力，只能用棒球‘还回去’。因此要释放压力的话，我不会去做其他事。如果当天打得不好，我知道要把那种不好的感觉去除只能靠……练习，所以我会去练习。”听到这里，我很快意识到，成功人士都有“共鸣”心态。这不仅使他们实现了不起的目标，也用于处理压力超负荷和精力耗尽的问题。

在一般的工作环境下，我们鲜少会面临高频率的压力，我们的目标清晰多了，也就是说，当你忙碌的时候，需要知道如何才能找回活力、减轻压力。举例来说，如果聊天可以带给你特殊活力，那就不要整天窝在房间里准备 PowerPoint 或 Excel 资料。同样地，如果你知道一天中有几个小时的轻松时间就可以让你或团队重回轨道，那就这么做。话又说回来，也有一些事情会消耗你的精力，比如，对我来说，经常做一些资料的小幅度更新、制表、跑跑腿、安排行程、处理杂事会让我的能量慢慢流失，因此把这些行政工作全放在同一天做就不是个明智的做法，因为我当天一定没有机会找回活力。换句话说，你需要整理出一个简单的表格，列出你喜欢的、可以帮你找回活力的事，也列出你不喜欢的、会令你感到精力消耗并且压力增加的事。了解自己的活力来源有助于保持心理健康，一个常用的方法是“七三法则”。在一周当中，数一数会让“能量增加”的事情有几件，会造成“能量减少”的事又有几件，较好的比例是 7∶3。

接着，看看下周行程表的安排，带来正面能量的活动能否抵消带来负面能量的活动。这听起来好像理所当然，但重点在于采取“补充能量”模式，拿你对待身体的方式来对待你的心理健康。

不知为什么，有很多人被现今职场的忙碌方式给误导了，也就是一天有太多时间花在开会上。要在工作中找回活力、消除压力，最有效的方法之一就是给自己留出大块的时间段，比如，你可以挪出半天或一整天来深度思考，也可以把这段时间用来解决眼前最紧急的问题，或是专注于学习。那位对医疗健康行业怀抱热情的资深董事蒂姆告诉我，他会把每周三空出来。由于知道自己有这段自由支配时间，所以他不担心没有足够时间专注于重要工作。我问他这么做的话该如何协调工作上跟他人配合的问题，他说：“这不是能不能的问题，而是要不要做的问题。去做就是了，只要利大于弊就可以。”他建议，可以采用一个简单的原则来处理——删除、授权、降维、延期，如此一来，就有办法空出时间。所谓“降维”就是降低工作的复杂度，简化为直接具体的步骤，譬如，与其写“规划下个月的会议”，还不如写成“跟相关人员会面以拟定议程”。

最后，还有一件重要的事不能忘记：成功的领导者会把问题和压力留在公司，你也需要学会这么做。许多人认为，消除工作上当前的压力最有效的方法是去度假或远离问题，虽然这的确能帮助你改用俯瞰的方式全面看待问题，但绝不是长期的解决之道。请了解这一点，并且推进一些可直接帮助你减轻工作压力和克服工作倦怠的实际活动。

原则 15　慢跑嗅花香

讲述人生不凡天赋的《死亡诗社》是我最喜欢的电影之一。片中的英文老师约翰·基汀（由已故的罗宾·威廉姆斯饰演）常要求那群贵族预备学校学生“Carpe diem”，拉丁语中是“把握当日”的意思。对我来说，在现今快节奏的工作环境中，这句话再适合不过。

时间很宝贵，固定做简单、简短、量力而为的运动，实际耗掉的时间会比感知到的时间还要短。换句话说，有些运动可以让你感觉时间被拉长，同时又让你感到跟外部世界的关联。这种难得且重要的感受，是你在紧张的工作环境下极度渴望的。例如，于我而言，跑步就是最完美的运动，因为跑步一点儿都不麻烦，穿上跑鞋就几乎可以随时开跑。

举例来说，当你跑步 30 分钟时，你会感觉时间过得很慢；埋首于忙碌的工作时，整个下午往往一闪即逝。你需要有个方式来控制“心理上的时间”，尤其是远离平常那些令你苦恼、耗神的工作。当你忙于工作时，往往会疏忽生活中其他重要事情的优先顺序，如情感关系、健康、宏观目标等。而慢跑之类的“独处时光”运动，可以让你厘清自己的思绪，思考事情的优先级。科学家现在认为，白天的时候应该起身到处走动，可以使得大脑的血液循环更好、获得更多的氧气，除此之外，还有很多别的益处。从事慢跑这类比较长时间的运动时，大脑会暂时休息，脱离原本的工作模式，也就是从向内聚集（inward-focused）状态——神经科学称之为“自我参照”（self-referencing）——转为较敏锐感知外在环境。[7]通过这两种大脑工作模式的转换（在关注自我和外在环境之间转换），我们会对生活产生新的参照系，也就是能从不同视角来看待事情。麦肯锡人有时候喜欢称这种现象是“退后一步”，以便看到全貌。不过那是心智上的运动，而跑步则是实际的肢体运动，可以让大脑切换到另一个模式。因此，这种运动可以让你的生活方式变得更好、更健康。

要如何付诸实践呢？

（1）**在白天或晚上跑步。**很多人在一大早跑步，为的是更好地掌控时间，而且跑完之后感觉神清气爽。早上跑步的确有不少好理由，但从生理上来说，白天或晚上跑步会比早上好，因为人在白天和晚上的体温适宜、反应能力比较好、关节比较有弹性，因此不容易受伤。还有些人喜欢中午跑步，因为不管什么季节，中午都是一天最暖和的时候。不过我发现，如果跑步的目的是“给一天做个总结”，那么在晚上这个“工具”是比较有效的。大多数人通常都可以在晚餐时间或晚餐过后抽出一点儿业余时间。晚上跑步时，你可能会从白天的混乱中顿悟或看清一切，因为这时的你能够抽离自己。此外，别忘了，前面提过，早上应该用来做困难的事，所以如果你真的很喜欢在早上跑步，请限制在半小时之内。

（2）**计算跑步的时长，而不是计算距离。**这其实取决于个人，不过用时间来衡量比较好。你不是在比赛，所以养成习惯比跑多远重要。通常跑半小时左右最好，因为这样已经充分运动，但又不至于筋疲力尽。

（3）**设定目标**。有目标的话，比较容易养成固定跑步的习惯。我跟朋友约定一起跑步，跑了5个月后，就设定了跑半程马拉松的目标。我猜想阅读本书的读者大多是期待取得卓越成就的人，很可能对成长和进步有强烈的渴望，因此从半程马拉松开始是个好方法。未来，也许你就可以把你在上海国际马拉松或波士顿马拉松比赛中的漂亮照片或完赛奖牌裱起来，这绝对是让你自我感觉良好的利器！接着你可以继续前进到下一个阶段——铁人三项——就像我朋友一样，也可以挑战半铁人三项。

（4）**一个人跑**。周末，你想跟多少人一起跑步、游泳、打篮球、打网球、打羽毛球都可以，但如果要让大脑慢下来思考，就得自己一个人做运动。通常去健身房里在跑步机上跑步是最方便的，记得要关掉跑步机上的电视以及MP3里头震耳欲聋的音乐，这样你才能思考。别忘了，做出正确的行为才能达成你希望的结果。

很多资深领导者有跑步的习惯，包括麦肯锡总经理鲍达民。我认识的一些人则喜欢比较激烈的健身方式。不管是哪一种，重点是让肢体活动，让你将自己从眼前的工作中抽离。务必要强迫自己认识到生活的神奇力量；尽可能把每一天过得充实，绝对会对你的工作产生正面效应。

原则 16　制订承诺计划

你有个人承诺计划（commitment plan）吗？我分享我的承诺计划（包括长期愿景、中期目标、当下目标）时，很多人大为惊讶。设立远大志向是很有用的建议。在你第一次尝试做承诺计划的时候，你可以先尝试分成四个部分：事业、家庭、个人健康、社交。每一个部分再填入 3～4 个“结果导向”的句子，而不是填入做些什么活动。比如，我在 2016 年年底事业那一栏写道：“成为个人导师并帮助 20 个人”。每一个项目旁边再加上勾选框，可供日后检视反省。承诺计划可达到三个目的。第一，会让你更主动、以成就为导向；第二，能让你年复一年地衡量自己的进步——可向上或向下调整，但可以培养负责任的态度；第三，你会开始相信凡事都有可能达成，而且当你这么说的时候，内心是当真的。奇妙的是，你真的会开始达成以前甚至想都不敢想的事。例如，我希望在 2012 年达成快速晋升的目标，并把它写进承诺计划里，结果真的就在我设定的时间里达成了，连我太太都啧啧称奇。

拟写个人承诺计划时，要有个合理的架构。举例来说，可以把一张纸折成三等份：第一部分写下你将如何达成每一个结果，第二部分写下将会面临的挑战有哪些，最后一部分写下为什么达成每一个结果是必要的。然后不管走到哪里，你都把这张纸带在身上，这样可以帮助你专注于目标。

此外，你还可以把承诺计划的概念延伸到其他事情上。譬如岁末年终寄贺年卡给朋友和家人时，也写一张给自己，上面正式写下下一年“可能达成”的事项。365 天过后，当你重读这张卡片时，会感到非常有成就感，也会觉得这个方法很有用。

最近，我在悉尼跟互联网创业家彼得 · 布拉德进行了一番谈话。他跟我分享了类似的做法。彼得是个连续创业家，建立了许多不同类型的互联网创业企业，其中最有名的是澳大利亚最大的科技创业孵化器 Fishburners。他的承诺计划是认识正确的人；他说：“很奇怪，为什么我们不更主动一点儿去挑选跟自己来往的人？我们只是来者不拒，跟谁都可以在一起。”彼得认为，在达到一定的年龄之后，尤其踏入商业世界之后，就应该认真写下自己的核心价值观、喜欢什么特质的人，然后主动去寻找那种人。有多少人会把自己的核心价值观跟自己喜欢的人的类型写下来？而这就是彼得年纪轻轻就可以功成名就的原因。

在我们的职业生涯中，有很多可以主动出击的事，但我们常常以被动的方式应对。例如，我们一年会“数次”参加行业研讨会，之所以去参加，是因为列在日程表上。但是如果只是按部就班，怎么会有办法预测未来趋势呢？光是能赶上趋势就谢天谢地了。应该有更聪明的方法才对。麦肯锡资深董事戴夫的方法是问问自己“我上一次做某事是什么时候。”举例来说，假设你在航空业工作，你可以问自己“我上一次跟这个圈子以外的人沟通是什么时候”，或是“我上一次到楼下研发部门是什么时候”，或是“我上一次想到切向技术是什么时候的事？”我们的大脑要保持使用才会运作，大脑若是欠缺所需的养分，我们的知识很快就会过时。另一个方法是保持良好的“扫描习惯”——扫描业界的新闻标题，然后分享给团队的同事。知识是有半衰期的，如果你在特定的领域不保持知识更新，就是在拿未来的职业生涯当赌注。要是相关规则修订了怎么办？要是你是最后一个知道的怎么办？拟订承诺计划可以让你把注意力集中在该集中的事情上。

通常，当你开始觉得工作比以前简单时，这就是一个警告。很可能是你不知道自己已经错过了什么。如果“目前的工作”做得很顺利，就不会有人告诉你还能再做些什么。

如果想跻身优秀领导层，你必须拟订自己的承诺计划。有了目标后，你就能知道当下的你欠缺什么。这些目标会驱使你跟上面提到的彼得一样提出“找到正确的人”之类的问题，或是如同戴夫建议的那样问“我上一次做某事是什么时候”。然后，一定要每隔一段时间重新审视你的承诺计划，比如说每半年一次。

麦肯锡顾问的承诺计划会有几个不同的版本和分类，通常是在资深项目经理阶段开始写，会被要求写下自己的志向、客户管理、专业知识领域、对业务线的贡献，等等。写个人承诺计划并不是正式的规定，而是过去董事们传承下来的习惯，他们会把他们以前拟好的计划分享给你。大多数顾问甚至在更早的阶段就开始写，有些顾问则是在从顾问升到项目经理时开始写。写个人承诺计划赋予人重要的学习机会，让人可以重新思考、查漏补缺，并使自己的心智充满活力。

第 2 章

与他人一同成长

如果我们认为别人就只是我们观察到的那个样子，然后以此对待他们，那么我们只会使他们变得更糟；如果按照他们应该成为的样子去对待他们，我们就会促使他们变得更好。

——歌德

我们往往以为成为领导是一段个人成长经历——慢慢地，我们逐渐强大到足以领导他人，紧接着在某个时间点，别人就会开始追随我们。不过，如果我们没有能力影响他人并帮助他人成长，我们的领导力中的一大块就是缺失的。在麦肯锡，我们主要考虑三方关键利益相关者：客户、其他领导者（高层主管）和团队成员。当上领导者会让你的生活重心突然从关注自身转变到满足他人的需求。

对我来说，他人的需求可分成三大部分：沟通、联结和理解。

沟通

这部分有六个原则。

原则 17

永远把一场演说的前三句话牢记在脑中。这个简单的规则可以改变会议室里的每个人对你的看法。

原则 18

用简练的话语沟通。学会通过问自己七个关键问题来训练自己用更简练的语言传递完整信息的能力。

原则 19

回答难题之前暂停三秒。不要立刻不假思索地回答问题。相反，向其他人证明你可以承受沉默的压力。

原则 20

多问少讲。多问、多听、多学高层和成功创业家的做法，以此来让自己成长。

原则 21

把“不”换成“是”。与其冲动地纠正他人，不如通过建设性提问来协助他们修正自己。

原则 22

不要拿出半成品。要慎选何时、对何人展现你的最终产品，因为你同时还赌上了你的声誉。

原则 17 永远把一场演说的前三句话牢记在脑中

有一个好玩的实验，探讨演讲如何做才能令人信服。有一家研究机构找来一名演员，请他假扮成专家在会议上站在客户面前，会议结束后请参与的听众填写一份问卷。为了排除运气对实验结果的影响，这个实验做过好几次，但每一次的结果都一样：听众真的相信那名演员是专家，但其实他对会议主题的相关知识一无所知。

就像让听众那么相信那名演员真的是专家，这个实验中有几个明确的规则，你也应该照着做。其中一个是永远把一场演说的前三句话牢记在脑中。

根据麦肯锡资深专家乌尔里克的说法，开场会决定整个演说的好坏：“我在准备新客户的项目建议书时，会把开场白的内容以及大部分转场话术提前写下来，以求抓住他们的注意力。”这是因为当你进入实际内容的演说后，听众会看荧幕上的幻灯片，而不会听你讲。

为什么要把开场三句话背下来？一个原因是这三个句子最能够抓住听众的注意力，这时候听众会仔细听，不会低头玩手机。但要是一开场你让听众觉得你靠不住，听众便会在无意间对你失去兴趣。另一个更重要的原因是你会感到舒服自在。天分其实被高估了，特别是当众演说并不要求有多高的天分，只要把开场的三句话牢记在脑中，你就能跨过紧张的临界点。而当你顺利地开始之后，便会不知不觉地找到自信的节奏。你所使用的辅助图表只会锦上添花，而不会喧宾夺主。此外，当你展现出自信的语调和形象时，高层领导就会感到放心，其他团队成员则会引以为傲。

大多数人没有意识到自己演讲时说的话跟准备的幻灯片内容是不同的。举例来说，如果幻灯片上展示的是一张图表，大脑可能会立刻处理 2×2 矩阵或坐标系中 X 轴和 Y 轴的信息。但你一次做不到同时解释两个轴，必须选择先解释其中之一。因此，故事一定是遵循线性发展路线的，而图表则不一定。

使用更加简短的句子会让你表现得更像个成熟的

领导者。当你坐上高层的位子时，尽量让你的汇报演说更加简练。各领域的高层或高绩效者都普遍认为，如果你讲的话听起来复杂，你也会是个复杂的人。两难之处在于，博学多闻的人往往会说得多。若你的思路不由自主地不断发散，那么，尽管你自己觉得前后逻辑都说得通，但你的听众却已经跟不上你的节奏或者感觉无聊了。正因如此，你应该不断做深呼吸并调整、删减你的想法。通常每个句子之间停顿一秒钟可以帮助你刻意把句子缩短一点儿。

一般成人的注意力可以维持 15～20 分钟。然而一次业务演说的内容既有难度又枯燥，听众的注意力顶多可维持 10 分钟。[1] 至于 TED 演讲之类的专业演讲，听众的注意力在他们期待比较高的情况下会更短——因为听众期待每隔几分钟就被逗乐、被唤起兴奋的情绪。事实上，听众集中注意力的时间很短，只能在演讲开始的头几句话时维持，这就是为什么演讲者一开场总会准备一些好笑的逸事、激励人心的名言，或者是令人瞠目结舌的调查结果。要抓住听众的注意力，最好的方法是透过情感联结。这个理论也适用于记忆力，也就是说，你对某一个引述句的情感联结越大，你就记得越久。[1]此外，听众的记忆、经验、文化会大大影响他集中注意力的时间，务必要根据听众的背景来量身打造你的演讲内容和话术。

并非每个人都能成为优秀的演讲者，我从很早就确定我不行。我曾经非常容易紧张，直到现在还是比不上那些天赋异禀的同事，不过已经进步很多。将开场三句话背下来可以让你卸下一开始的肩头重担，而这至少可以让你有个好的开始。试试看，你会马上看到效果。

---

[1] 某次事件引起的情绪所释放的多巴胺附着于杏仁核上（脑子里的这个部分负责记忆的录入和巩固）。

原则 18　用简练的话语沟通

刚成为咨询顾问时，我很佩服能够接收和处理大量信息的人。尤其在听新项目的首次简报时，我觉得与那些人之间的差距更是大到令人难受。有些人只要听一下就能理解，好像不需要打开什么开关，大脑就会不断无限地处理信息。直到我从坐在台下听变成上台演讲，推销我的项目，吸引其他咨询顾问加入我的项目团队的时候，我才明白处理信息是最简单的部分；比起分析与理解事物，你需要更多的脑力清晰有效地去解释事物。此外，我也意识到每个人的时间都很宝贵，因此唯有用简练的话语沟通才能让听者保持专注。

麦肯锡是学习推式营销和拉式营销的最佳场所——公司内部就有大把场合练习。在麦肯锡，每一位主管都知道优秀的人才很难招揽；主管若想“招揽”[⊖]某个顾问进入自己的项目团队，就必须以清楚且吸引人的价值主张来“劝诱”该顾问。换句话说，主管必须很擅长“拉

⊖ 在麦肯锡，当员工被指派加入一个项目时，他们通常被认为是“被招揽”到某个项目。

人进来”（拉）。从另一个角度来看，顾问们也都知道，如果想加入某个心仪的项目团队，而自己又缺乏足够的经验、专业知识和人脉，他们就必须想方设法让自己被选择——这相当于辛苦地挨家挨户推销（推）。根据我在麦肯锡的经验，顾问们每个月都会收到很多封电子邮件，上面会列出即将开始的新项目，他们得通过激烈的内部竞争来找到下一个战场，这是麦肯锡内部周而复始的丛林法则。出类拔萃的人才很快就会被挑走，其他人则必须等待下一个机会窗口。归根究底，这就是一个活生生、赤裸裸的“适者生存”模式。

打从开始上学起，多年来我们已经习惯用“推销”自己的方式将自己推销进某个特定场景。我们申请竞争激烈的大学，只要有面试机会，我们会尽一切努力说明自己为何是最佳人选。毕业后，同样的过程再在潜在雇主前上演一遍。我们写下自己的强项、抱负、对公司的价值等。也就是说，多年来我们接受的训练就是推销过程，而对“拉”的过程则相对陌生，要等到职业生涯较晚期，也就是当我们晋升到领导层时才会学到。

“用简短的话语沟通”需要练习，这件事比乍看上去要困难得多。因为你必须能够清楚地描述自己的故事，删减或省略某些细节，谨慎地挑选适当的字眼，同时还要在叙述中尽可能回答可能出现的问题。这些年来，我自己准备了一连串问题，可以为你提供一个正确的方向。

一言以蔽之，请从以下几个问题来切入思考：

（1）你已经知道什么（信息）？

（2）你最终想从这个项目或成果中得到什么？

（3）你必须忽略或规避的是什么？

（4）你会受到哪些约束与限制？

（5）重要的利益相关者和客户是谁？

（6）总体的时间进度和重要的阶段性目标分别是什么？

（7）为什么这个项目或成果比别的（项目或成果）都要好？大方向有什么吸引人之处？

用简短的话语快速说服他人，就是在培养一种独一无二的能力，就好像在训练自己成为一个精心编排的电视节目的专业新闻主播。先从 30 分钟训练开始，然后时间减半，试着在 15 分钟内传达同等信息量的叙述（但不是通过提高讲话速度达成）。设定一个时间标杆，然后看看在这段时间内能传递多少信息。同时，还要看看自己能燃起多少激情的火花，这也是训练自己成为一位具有超凡魅力的领导者的机会。试想一下把这次的谈话或讨论当作你跟对方第一次的专业交流（沟通），大多数情况下，给对方留下一个充满活力的第一印象一定会加分。

原则 19　回答难题之前暂停三秒

有些提问很棘手，尤其是在回答的好坏关乎成败时。有些听众会抛出一些难题，把你抛进混乱的旋涡里，背后又有大老板虎视眈眈，等着看你如何回答。你很紧张，但还是很想让在座的每个人对你刮目相看，尤其在座的都是管理层或潜在客户，你的心脏可能更是加速“怦怦”跳个不停。碰到这种情况，由于你实在太急于回答，通常会马上开口，但这时候你反而应该刻意按捺住，等待三秒钟。

我在麦肯锡获得的最佳忠告之一，就是回答任何问题之前先暂停一下。那是我在麦肯锡担任项目经理第一年快结束的时候，我注意到有个副董事在做项目陈述时总是等待几秒钟沉思一下，然后才回答问题。提问越是困难，他的回答越是强而有力、引人深思。

为什么你也需要先停顿再回答？有三大原因：

（1）你会有更多时间做反应、思考、给出最好的答案。

（2）你的停顿与沉默会让听众更加看重你的答案。

（3）人很容易在恶劣或紧张的情势下反应过度，停顿是避免反应过度的好方法。

把可能的提问分成几大类是个很好的捷径，可以让你比听众先一步思考，如果你做的是调研，你要熟记开放式结论和封闭式结论相关的问题，结构化或非结构化的表述方式。但是在陈述之后会面临的提问大致可分成四大类型：一是事实或信息求证类；二是探索类；三是评价或比较类；四是挑战类（见图 2-1）。在一次会后心得分享中，我跟那位副董事详细地讨论了这四大类提问方式。图 2-1 最左边一栏的提问是跟事实、信息的求证相关，这类问题很简单明了，应该能很快得到答复。从图最左边的事实相关的提问一直到探索类、评价类、挑战类，回答问题所需的时间应该从左到右依次增加，不仅可以让你的回答听上去更高深、更可信，也可以给你足够的时间从必要的角度去思考。如果细究每一大类别的典型问题，你大概可以看得出来，最困难的问题通常是寻找原因或理由。过于维护自己的观点是大家经常容易犯的错误。在那次研讨会上，营运副总裁质问我们为何没有亲自到工厂去。那位副董事停顿了一下，然后先主动承认确实没有到工厂，接着他仔细说明他们打算用什么流程和方法去落实这件事。他并没有使用对抗性的回答（譬如我们需要有更多时间、资源，或者得到相关人员的许可才能去工厂），而是把重点放在给予建设性的回答上。后来他悄悄告诉我，比较困难的答案可以私下（在正式会议场所以外的地方）再回复。

提问类型

事实或信息求证类	探索类	评价或比较类	挑战类
• X公司的市场占有率是多少？ • 有多少工厂是在75%的产能利用率下运作的？	• 我们现在必须采取什么行动？优先级是什么？ • 如果你的建议是实现数字化，那么我们需要具备哪些能力？	• 当你比较两个基准点时，关键成功要素是什么？ • 你如何评估对C的影响？	• 你为什么不去研究调查X？ • 你为什么一直没办法提出更深刻的见解？

难度较小 ⟷ 难度较大

图 2-1　四种提问类型

切记，并非所有提问都需要当场给出百分之百正确的回答，我们称之为“回避的艺术”。我向来崇拜那些能够面不改色地回答有难度且挑战性大的问题的资深董事。这是人人都能学会的技能，不过需要有耐心和自信。一般来说，提出挑战性大的问题的人并不期待你能当场给出答案。经验丰富的领导者会知道对方提问的潜台词，不会直接给出草率的答案，他们知道缓一缓再给答案比较好。这是大多数经验丰富的管理者所擅长的，他们会运用判断力以及适当的措辞让回答听起来更好一些。最后一点是自信，有时候，你的言语听起来是不是可信，取决于你有没有自信。这需要你从进门的那一刻起就表现得充满自信，这可能是最重要的一点。

原则 20　多问少讲

你有没有过结束一段谈话之后自我感觉特别好的情况，尤其对方是个很棒、能让你畅所欲言的人？

如果要我找出成功的创业家和麦肯锡董事之间一个独特的共通之处，我会说他们都多问少讲，也就是多数时间在聆听。每个领域的顶尖 CEO 也都是如此，你在自己的领域所景仰的人也是如此。

最能干的人往往最谦虚。比起花一小时告诉你他们的丰功伟业，他们更愿意用这段时间来挖掘与你有关的 10 件事。从逻辑上来看，这样做非常有道理。喜欢提问的人消息会比他人灵通，因为他们能在最短的时间内累积最多的信息。为了避免混淆，特别说明一下，他们所问的问题并不是做背景调查时的那种盘问，而是出于启发思考并且有助于加深理解的那类问题。

问对方问题可以让对方感觉很好，感觉自己高人一等、拥有了影响力，甚至能给对方带来近乎亢奋的快感。有一次，我跟一位成功的网络创业家共进晚餐，他的企业有3亿～4亿美元的市值，我一开始就半开玩笑地告诉他："今天我问的问题会比你的提问多！"结果，等到这顿有意思的晚餐结束时，我必须承认，他问我的问题大概比我问的还多，至少也是一半一半。

这些成功的人士有什么独特之处？大多数人并不会预先设定讲话时间的长短，但他们会。不过从更深一层来看，他们的与众不同之处在于他们提的问题的性质：每一个问题都会衍生、带出下一个问题。他们的提问可能如下。

问（创业家）："你最近在忙些什么？"

答（我）："我负责了几个不同的项目，四处奔波。最近一个项目是替一款新车绘制产品开发的蓝图。"

问："真棒！可以和我说说你们的蓝图是什么样吗？"

答："一家跑车制造商的第三方工程服务商提供了引擎，而我们要根据这个引擎为一款国产豪车设计下一款车辆的原型。"

问：“哇，什么是第三方工程服务商？”

答：“噢，就是 Magna Steyr 和 Lear 这类替原厂代工生产汽车的公司。”

问：“你的意思是，原厂没有自己生产车子？我以为他们有。”

答：“没有，其实这相当普遍。他们会将某些款型的车外包给第三方生产。”

问：“真让人想不到。那你在这个项目中负责什么？”

答：“我们根据部门的职能来规划必要的工作，并且设定质量准入门槛。基本上，我们从旁协助主生产计划的制订。”

问：“什么是质量准入门槛？”

答：“那是原厂设定的品质检测区间，项目中原厂各职能部门都给出质量过关的信号，第三方工程服务商才算最终过关。”

都是诸如此类的问答。以上这些对话有几个重点值得提一下：

- 他们并不是从一个主题跳到另一个主题，而是真心对对方所讲的内容感兴趣，然后深入挖掘。
- 他们并不害怕承认自己不懂，反而很快就欣然坦承自己不是这个领域的专家。
- 他们很快就能抓到有趣的点，然后用简短、明确的话语进一步追问。

只要练习保持耐心、探究自己不知的事物、抓住有趣的观点和知识点，你就会慢慢转型成为“多问少讲”的人。

多问毫无疑问可以强化聆听技能。有位资深董事同时也是麦肯锡大中华区办公室的创始合伙人，他告诉我：“聆听一直是个被低估的能力。聆听非常重要，尤其在管理咨询这个行业。这里的人接受的训练是一直说，聆听反而是个少见的能力，而且70%的聆听是不需要用言语来表现的。”

聆听并不只是如我们学习“积极聆听”时那样，以“我来确定一下，你的意思是一、二、三……”或“我把我听到的内容整理成几句话”回应，而是以一种愿意花时间深入理解对方的心态来回应。事实上，如同那位资深董事所说：“聆听是完完全全把你自己交给对方，这时候你的共情能力强到超乎你的觉察。”

不过，最初尝试“聆听”可以先从一顿与朋友或同事随意的晚餐开始。几周前，我才跟一个半年没见的从事农业投资的朋友一起吃了顿晚餐。席间，我们讨论了世界饥荒以及该怎么供应粮食；我不断问问题，一个比一个深入地问，他也一直讲。我很久没有那么愉快地聊过天了，学到的知识比我预期的还要多。在我回家的路上，他很快传来短信，说他非常开心。我忍不住一直微笑。

当然，知道跟实践是两回事。只要能够从今天开始持续努力做到“多问少讲”，你就会打开更多隐藏的大门。

原则 21　把“不”换成“是”

孙子是中国古代的军事将领，也是一位哲学家，他曾经撰写了一本关于如何管理冲突、打胜仗的战略经典著作，叫作《孙子兵法》，书中的思想和战略仍盛行于当今商业社会。他写道（我按照自己的理解）：“冲突推进文明，促成进步。冲突无法避免。”[2] 我们无可避免地都生活在充满冲突的世界，因为冲突是生命前进的必要之恶。不过，从中国古代春秋时期发展到今日，我学到了另一个可避免冲突但同时仍然可以取得卓越进步的方法：不直接说“不”，改以“建设性提问”代之。

这个概念是名叫岩谷奈央的董事介绍给我的。他是一个很擅长社交的人，也是我的榜样，在芝加哥和东京工作过。他的迷人之处是他的沟通方式像嫩豆腐一般。在内部会议上，他从不对外人进行批评或驳斥我，然而等到开完会，我的大脑中却总是莫名被输入一些新想法和要做的工作。在不知不觉之间，他总是能将他的想法表达清楚并植进我的大脑中。那是一种促进有效工作的艺术，就像克里斯托弗·诺兰导演的电影《盗梦空间》，透过意念把某个想法植入别人的大脑中，差别只是我完全不是在做梦，也不是在睡觉。

了解了他的特殊才能之后，有一次我请他带我去参加一场项目汇报会议，对象是一位知名的客户。我再一次观察到，当客户表达某些相当不正确的市场观点时，他仍然点头表示赞同。他非常耐心地倾听，不过在说“是”的同时，他也开始加入一些“建设性提问”，譬如“我明白了，不过你有考虑过这个想法吗”，或“如果我们想象另一种情况，你觉得会发生什么”，或“要是我们拿掉 A 和 B，市场会变成什么样子”。简而言之，他其实是在说“不”，但并不是直接说“不”，而是用提问来回应。等到客户明白自己的想法有误时，就会在不经意间改正过来，同时不会感到有一丝尴尬。

为什么说“是”很重要？为什么不直接提出反对是很重要的（而且提醒你一句，这跟文化敏感议题无关）？为什么随着你往上升到资深副总裁或 CXO（chief X officer），这甚至会更加重要呢？

几周后一次晚餐席间，我走近岩谷奈央并把我观察到的告诉他。他的回答是："首先，在大多数情况下，你并不需要直接驳斥任何人，除非情况紧急。通常比较好的做法是间接指出对方的错误，让他自己去发现。其次，没有人喜欢被否定或被别人指出错误，尤其是位居高位者，因为会损及他们的尊严和身份地位。最后，也是最重要的一点，对话是最常用的沟通工具，因此不该等闲视之。你在处理潜在冲突时应该保持最大的敏感度。"

有很多书探讨如何不在意别人对你的否定，不过鲜有书籍谈论如何控制自己的"否定"立场。不过，你如果想一想就知道，控制自己容易多了。

我猜想有些人可能会搞混，以为这代表不要积极主动。其实不然。所谓积极主动，并不一定是主动出击、直接把内心想法说出来，而是知道自己该怎么做才能达到目的。这个技巧只是有效的方法之一。《高效能人士的七个习惯》一书的作者史蒂芬·柯维从另一个角度写道："主动积极的人并非咄咄逼人的，而是聪明的、以价值为导向的，他们能解读现实，知道什么是真正被需要的。”他以甘地为例，说明一个人如何通过主动积极的同理心和道德感召颠覆整个大英帝国。[3]

采用“建设性提问”时，首先必须卸下你的防备，压抑想纠正别人的冲动。这件事比你想象的要困难得多，因为我们太过习惯于凡事都要坚持“正确的”答案。然后，提出可以帮助对方纠正自身错误的问题，走进他们的内心世界，通过适当的问题来耐心地协助他们。你必须培养主动聆听的能力，还有从大局思考的心态。一旦出现你不认同的观点，要先多点头，嘴巴上说“我知道，这很有趣”，然后转以提出问题来继续。

看完这些后，何不尝试加入一些“建设性提问”来引导对方赞同你呢？

原则 22　不要拿出半成品

尽管尽了最大努力，但有时候时间就是不够，无法赶在最后期限之前完成。客户或消费者突然要你明天交出成果，报告最新进展，而你的领导又可能突然要跟你讨论一下如何解决问题，因为他有一小时的自由支配时间。这时你该怎么做？你会马上老实地拿出当前的成果——当下的半成品，还是交出别的东西来代替，比如提出一些问题来进行讨论？

优秀的人都知道该在何时讨论，他们会小心翼翼地挑选开战的时间、地点。如果他们知道自己状态不佳，就不会勉强自己，不会甘冒失败的风险。一厢情愿的思考方法在要求苛刻的工作环境中效果不佳，虽然有个传统原则是这样的："战斗可以输，战争必须赢"，但是在我们这个复杂又充满竞争的环境中，实际情况是你必须先赢得一次次小战斗，才能证明你可以赢得整场战争。在麦肯锡，一个人的声誉很重要。当我们要招揽某个人加入某个项目时，常常会问："这个人怎么样?”得到的答案不会是一份长长的成就或失误清单，而只取决于人事经理和几位董事对这个人的评语。通常，评语不外乎这个人在每个项目结束后收到的简短评语，譬如上手快、高于平均水平、不错、卓越之类。因为决策做得很迅速（特别是当项目很多时），所以在挑选项目新成员时，我们中的大多数人并不会去做尽职调查，因为我们都很清楚，坏名声很难扭转，而坏名声可能主要来自你带给别人的鲁莽、不靠谱之类的感觉。换句话说，只要你用心对待你所拿出的成果，好名声就比较容易建立，而你展现出来的东西只有你自己可以掌控。

等到你被认可以至成为领导，大家会期待你随时都是最好的，大家会根据你的高质量成果来考量你，而非根据你投入的辛劳。如果你认为要再花 2.5 小时才能交付最终成果，那就想办法再找出 2.5 小时的时间。千万不要紧张地交出不完整的东西。“高层人士绝不会以牺牲交付的品质为代价来追求时间效率，可是有太多未来领导者没把自己看成最后把关者。这是很严重的错误。”一个项目经理这样说过。想办法让成果不仅有最令人满意的内容，同时也在最令人满意的时间内完成，这是你成长中很重要的一环。我相信两者相加就是你所需要不断追求的成果，一定不要轻易将就。

联结

这部分有六大原则。

原则 23

即刻找出现场的联结。跟 CXO 级别的高层进行重要讨论时，先找出你跟他的个人共同点。

原则 24

做个给予者，而非接受者。成为可以激励他人的人，而非总是需要被人激励的人。

原则 25

找出别人的最大善意。正面思考、向前看；永远找出他人好的一面，正面看待他们的意图。

原则 26

了解团队成员的重大时刻和私下的一面。培养更强的同理心，建立你与团队成员的联结，拉近你跟团队成员的距离。

原则 27

把每个人当成有贡献的个体，而非“资源”。这一点毋庸置疑。

原则 28

每周固定跟有趣的人外出用餐。刻意养成这样的习惯，以便扩大你目前的影响圈、拓展你的知识。

原则 23 即刻找出现场的联结

很多人一走进客户的现场、高管的套间、老板的办公室，马上就开始讨论公事。我们认为，把公事和生活中其他事情分清楚比较妥当。然而，资深董事戴夫在访谈中告诉我："关注人的情况，永远是解决一切业务问题的核心。"对他来说，进入任何公事讨论之前，他都会通过观察周边环境、寻找共同点来活络气氛。"有一次，我去跟一家制造商讨论降低成本的事。我很快把那位高层的办公室扫视一遍，发现一张墨尔本酿酒厂的照片，于是我把照片拿起来，开始讲我自己的酿酒厂和在中国碰到的酿酒厂的挑战。"对戴夫来说，找出跟对方的联结十分重要，而且这件事并不像一般人以为的那么困难。令人惊奇的是，戴夫在众多公司工作长达 22 年的经历表明，他还没碰到过哪家公司的高管跟他完全找不到联结。

当他听着项目经理或副董事如机器人般一板一眼地汇报时，他立刻想建议上层人员也采用这套做法，让他们知道正确的情境更胜于正确的内容。他认为这些技巧需要花一定的时间去培养，也需要有意识、从容、尽力地找出当下的最佳联结。本书众多原则当中提及的各类事物，都可以帮助你找到跟他人建立联结的机会。例如，你必须抱着好奇心去认识有趣的人，或者你要尽可能多地培养兴趣爱好，尤其是培养对高层领导喜欢的某类艺术、音乐、器物的兴趣。旅行时，不应走马观花式地游览，还要多参与当地的活动，深度了解并融入当地的文化。不过以上只是一些表面建议，真正重要的是随时随地都要有意识地拉近与他人的距离。

有一次戴夫去见一位客户，客户是一家大型制造商的首席技术官。他故意不带笔、记录本还有手提电脑，他的目的只是坐下来谈一谈。多年的工作经历已经让他意识到，只要手上拿着东西去跟人会面，你的防备心会加重，对方对你的期待也更大。他想试试新的方法，他承认这需要很多勇气。他说："我们太过于习惯用一些事物去辅助我们做展示。"不过，那位首席技术官接着跟他分享了许多从未在过去的会议上提出的议题。对戴夫来说，这是一种新型的亲密联结，是在纯净的氛围中与客户交流客户关切的话题，并且学习去做个单纯的聆听者。除了一般公事往来，这又是一个找出彼此联结的例子。

当你规划今后的领导路径时，请专注于如何通过现场找寻共同点的方式与其他志趣相同的高层建立联结。

原则 24　做个给予者，而非接受者

我很喜欢已故美国作家玛雅·安吉罗讲过的一句话，很适合在这里说："试着成为别人云端上的彩虹。"她是很多人心目中的彩虹。[4]

在某个特别不顺的日子，你感觉没有动力去上班，你有没有过因为几句话而得救的感觉？

- "出了什么事吗？你需要休息一下吗？"
- "你今天情绪好像有点儿低落，是有什么烦心事吗？"
- "你平时经常迸发的活力去哪里了？"

在职业生涯的某个阶段之前，接受他人的鼓励是很正常的，毕竟你还是新手，还在接受训练。不过从某个阶段之后就开始不同了，那个转折点就是从开始担任领导职务。你不再是那些关怀、同情和问候的接受者，而变成了给予者。找到一个你每天上班途中一定会经过的场所，在那里，重新将你的职业心态设定为"情绪制造

者”以及“给予者”。也许是踏进公司大楼前的旋转门的时候，也许是你穿上外套的时候，即使在压力很大的情况下，你也必须训练自己在团队成员面前保持平静、面带微笑。一个领导者所展现出来的成熟，有一部分便来自这种刻意的努力。

想象一个充满活力的人，如你的榜样、导师，或者是一位有阅历的同事，然后开始模仿那个人，问问自己为什么他就可以展现异于常人的活力。在一个项目中，我发现从创业家转为麦肯锡项目经理的亨利一直保有乐观的活力，不管我们的项目进度回顾再怎么令人疲惫，他总是能马上重新振作，开口说：“哇！这个过程真棒！接下来我们要做点什么？”或“谁可以给我们指出更多方向？”他总是聚焦于带给别人活力、把事情推进到下一个阶段。你可能会说：“呃……不过那很正常啊，因为那是他的职责。”没错，你说的对——对了一半。你也可以说，他是有意识、刻意这么做的。大多数人一开始并不具备这些特质。后来，当他成为全球投资巨头瑞士联合银行集团（UBS）在中国台湾的得力干将时，我意识到他散发的光芒更耀眼了——尽管现在他已经离开麦肯锡，但他仍然用个人时间为麦肯锡的同事提供为期数周的培训。当你转变成领导者时，你就必须成为给予者和好情绪制造者。好消息是，一旦你精于此道，这些技能和思维模式会陪伴你一辈子。

不过有时候负面情绪会累积，你还是需要有个地方来发泄，这时可以怎么做？一种方法是“回撤”，意思是把自己抽离出当前的环境，从第三者的角度来审视，你就可以更客观地看清楚自己所在的位置，以及你的负面情绪来自哪里。还有一种方法是跟你信任的人谈一谈，或把困扰你的问题写下来。这么做可以让你将负面情绪宣泄出来，疏解目前的担忧。

原则 25　找出别人的最大善意

如果不是跟自己喜欢的人共事，工作就会没意思。跟自己喜欢的人共事在现实中会很难实现，为什么？因为每个人都是个性化的，而且人们很难有机会选择跟最合适的人共事。我在麦肯锡发现的一个秘诀是找出别人最好的部分，而不是每次都想找到最好的人共事。

麦肯锡的工作是项目导向的，这就意味着我们会因为某个项目而聚在一起工作一段时间，然后解散，接着再因为另一个项目而聚集，然后再解散，如此不断循环。因此，直到职业生涯某个时间点之前，你其实很难有权利去选择共事者。就算当上项目经理，但在多数情况下，团队成员也是由董事或副董事亲手挑选和组建的。

我做第一个项目时，团队里有个令我完全无法忍受的顾问。他在进入麦肯锡之前是在政府机关工作，并有着很辉煌的工作履历，但不知为何，他极度让人捉摸不定且怪异。举个例子，有一次我们做项目进度回顾时，他故意叫我待在外面，然后把我锁在会议室外——直到现在我还是不知道原因。他可以看到我站在玻璃门外，但他完全视而不见且站在那里纹丝不动（他站的角度挡住了其他人的视线）。当时我的项目经理也自身难保，所以我只能自己想办法解决。那么，我做了什么呢？我知道自己不能破坏团队的士气，也不知道该找谁诉说。我不想第一年就被当成麻烦制造者，也不喜欢正面冲突，于是我决定用唯一可行的办法来处理：我决定换个角度思考，认为他其实有某种正面意图。也就是说，他的行为是着眼于我、整个项目、整个结果的最大利益的。在没有人可以求助的情况下，这是我唯一的选择。他是麦肯锡通过严格的筛选程序挑选出来的人，我得相信这套筛选制度，否则就代表我不信任麦肯锡，这个举动和想法把我变成了另一个人。[一]

[一] 在我的多次访谈中，我学习到：有很多人（从项目经理到总监之类的）都有同样的看法，不仅需要在工作的时候保持正面思考，也要相信别人是出于善意，这一点非常重要，因为在节奏极其快的工作环境里，沟通难免出现差错，善意因此可能遭到曲解。百事公司董事长兼 CEO 英德拉 · 努伊说过：“不管任何人说什么做什么，永远假设他是出于善意。然后你会惊讶地发现你对某个人或者某件事的看法竟然就此而完全不同。”——引述自《财富》杂志里的《我曾得到的最佳忠告（25 位 CEO/领导者）》“The Best Advice I Ever Got(25 CEO/leaders)”。

在麦肯锡任职期间，我收到的个人评价中总是有一两句是赞扬我“绝大多数时候都用正面的态度看待他人”。确实不管是什么人，客户也好，团队成员或董事也罢，大多数时候我都试着找出每个人的正面特质。从这个角度去看待他人，让我对人生的看法积极且正向。

每次初识某人时，我常常惊讶于彼此之间的差异是如此之大，但是我知道人类在找寻共同点的时候能产生更紧密的关联。我知道这是第一步，于是我会很快开始寻找共同点。说一件不久之前才发生的事：在一场半正式的饭局上，我跟七个第一次见面的人共进晚餐。席间，我无意中听到两个人聊到他们俩的共同之处，他们随即交换联络方式。如果找不到直接的共同点，我会找出对方最令我惊叹的地方，令此成为以后我会感兴趣的事情。

在你眼中是负面缺点的，对他人来说可能并不是。如果一个人在别人汇报的过程中一直积极抢话，有人会觉得“他充满热情且乐于助人”，也有人会觉得“他很让人讨厌”。我每次都会试着采取前一种观点。人的潜意识中会不知不觉过度强调外在观感，这会严重蒙蔽心智，因此你必须特别留意，了解我们内心与生俱来的这种破坏性、批判性的本质。

还有一个例子是雨天的启示。看到下雨，刚历经干旱季节的农夫会高兴得跳起来，不过打算周末去登高远足的人就会不太开心。因此，观感和评价会因期待的不同而大有不同。

以下是几个现在就可以做的心态转换，可以借此找出他人的善意：

（1）积极正面地解读事情。

（2）只记得他人好的一面。

（3）赞美小事，以此建立正面的态度。

（4）常存好奇心，时时想："那很有意思啊"。不妄下断语。

（5）忽略差异。

那么，我从那位令我完全无法忍受的顾问身上看到什么？我发现他非常努力。他不会花五分钟时间尝试修好打印机，而是把那五分钟拿去继续制作下一张幻灯片。跟当时的我比起来，他似乎更愿意投入精力完成较重要的工作。他不懈地返回到客户那里，为他的流程图收集正确的信息，他给人一种绝不轻言放弃的印象，他的坚持不懈很令人敬佩。

原则 26 了解团队成员的重大时刻和私下的一面

有一天，包括我在内的差不多有 20 来位同事同时收到一份神秘邀请函，邀请他们参加一项短期领导力培训。受邀者的资历各不相同，从项目经理到资深总监都有。这在麦肯锡是很罕见的一种安排。为了增强学习效果，我们被要求先写一份作业：一篇类似于申请 MBA 的个人陈述短文，需要陈述一下我们人生的重要转折点、重大挫折、梦想和人生故事。那天早上，我们一群人集合，围成 U 形，辅导老师将我们两两分成一组。紧接着，辅导老师发给每人一篇短文，要我们大声朗读。这对每个人来说都是一个晴天霹雳。类似离婚、痛苦的疾病、童年创伤等敏感的私密故事淹没了整个会议大厅。这确实是一次独特且强力的沉浸式体验。读着这些真情流露的文章，我们仿佛把最真实的一面展现了出来。

经过一番思考后，我和一个同事发现我们几乎不认识彼此。尽管我们会一起用餐、讨论有挑战性的项目，甚至曾经一起参加了一次时间不长的旅行，但我们似乎跳过了上述私密信息。我们耸了耸肩，终于意识到我们根本不算真正聊过天。

在工作上，我们往往会避免这类谈话，因为我们想尽力做到公私分明。最近才刚发生一件事，我碰到一个老同事，他是我以前的项目经理，从新泽西转调到中国香港办公室。我现在才知道他的家人来自中国台湾地区。2009 年我曾作为商业分析师和他一道开展一项为期五个月的项目工作，但是我竟然不知道他的家人来自哪里。对此我感到十分困惑。他说："哦，是啊，我想你也没问过我啊。"微笑中有着一丝嘲弄。那次领导力练习告诉我们，只要有对的工具和氛围，我们可以更紧密地联系在一起。从那之后，包括资深总监和年轻些的项目经理在内，我们全部 20 多个人开始了接力。希腊哲学家柏拉图曾说过："从一小时的玩乐过程中去了解一个人会比与他谈一整年的话了解得还要多。"那是我第一次体验到在没有舞台的一群人面前上演我的人生。回头想想当时的情景：一个参与者开始哭泣，她意识到异地恋对她的婚姻造成了多少的困难。还有一个人诉说他跟父亲失联的故事。等轮到我们念自己的故事时，我们一方面紧张不安，另一方面又感到开心而恐惧，这是一种我们自初中或高中以来就不再有过的感受，我们变得脆弱不堪，自由地飘浮在半空中。那次经历让我学到的是：留时间跟人进行有意义的交流会带来出色的成果。

把这类故事分享给同事并不容易。尽管如此，不管是在台上还是私下里，分享彼此人生的重大时刻并提升大家关系的紧密程度非常重要。一流的企业每年会花数百万美元来增进员工的感情联系。星巴克等企业的高层很明白这个道理，因此他们会提供特定的员工培训聚焦于克服逆境——与生气的顾客打交道。[5]谢丽尔·桑德伯格在著作《向前一步》中写道，她也是从戴着职业角色面具慢慢进化到显露出自己私下的一面的："我想我们会因为表达出真实的自己、谈论个人状况、承认自己的专业决策通常受情绪驱动而受益。"这对你来说同样奏效。当初她回绝财政部长拉里·萨默斯的诱人的工作邀约时，如果是以事业为由，而非坦白以离婚相告，那么她后来改变主意的时候大概很难这么快就拿起电话打给拉里。[6]因为她的谨慎以及对私生活的坦诚让她的想法转变得以实现。因此，归根结底，最重要的是“同理心”，人会因为感同身受而感动。随着你成长为领导，了解他人的意志、动机、情绪将会变成越来越重要的一个因素。

想一想一个由“意志”和“能力”组成的矩阵。这是用来评估一个人能力和意志的一个2×2矩阵，横轴受实践技能提升的影响，纵轴则代表了意志。能力很重要，但是意志可以让工作完成得更好。积极影响他人的意志会让大多数管理者获得更多时间和成果上的回报。此外，多项研究表明，意志力是预测一个人能否成功的有效因素，因此也能预测一个项目是否成功，以及预测你是否能够成为优秀的领导者。用更私人化的故事来凝聚团队成员，可以让团队带着必要的信任以及为更远大目标添砖加瓦的渴望而不断前行。

原则 27　把每个人当成有贡献的个人，而非“资源”

没有人想被当成“资源”，那么为什么这件事很难避免呢？有几个显而易见的原因。我们公司通常采用的是金字塔形的科层制管理架构，因此这种组织文化让“把人当成资源”这样的现象变得普遍，人可以轻易被替换掉。那么，要怎么做才能破除这个魔咒呢？

我认为有以下四件事可以做：

（1）**采取“借力”这个思维模式**。在麦肯锡，大家总是说：“我会借助某某人的力量。”汇报和借力是两个很不一样的思维模式。一位董事告诉我，当你汇报给某人时，你想到的是一条由下向上的垂直线；当你借力时，你想到的是好几条交织成网状的线。这是一种需要提前培养的思维模式。

举个例子，在一个关于中国和加拿大的跨国项目中，我请其中一位副董事晚上 11:00 回到办公室，因为我们制作 PPT 的时间十分紧迫。当时他外出跟一位客户共进晚餐，不过后来他高兴地回来帮忙制作几张重要的用于跟CEO沟通的图表。最后，我们在第二天早上准时完成交付。

当你向他人“借力”时，你的思维模式是“我获得协助”。同样地，如果别人向你“借力”，你也会有同样的感受，一开始就明白这个差异很重要。

（2）**进入第一线工作。**很多时候，别人对我们的信赖程度取决于我们投入的程度。当你爬到越高的职位，大家越会在意你的行为举止而不仅仅是你的领导策略。因此，亲力亲为并展现出你也是可以到一线工作的人十分重要：带头做繁重的工作，身先士卒第一个迎向困难，多次起身在白板写字，主动找团队成员外出午餐并询问他们的近况。“我的秘诀，是我一定会先确定团队能够自己处理问题，不然我决不会离开，我从不中途走人。”劳伦特说道。他是一位曾在四个国家工作过的董事。如果你已经站在第一线，充满干劲地专注于创造成果，你就不必担心“个人还是资源”这个问题了。

（3）**可以的话，让对方觉得这件事非他不可。**最有效的方式是让那个人觉得自己很特别。要有效地做到这一点并不难，你只需要在讨论一开头或结尾提到为何他是最佳人选。这其实是个关于激励的话题。不过还有一方面需要注意，你必须知道他真正在意的是什么，聚餐时是获取这类信息的最佳时间，无须讨论项目或者任何琐碎的事，你就可以利用这个机会挖掘出这个人的特有优点。

（4）**表达谢意并且说声“谢谢”**。这似乎不言自明，但是我们竟然常常忘了这么简单的礼节。感谢是将人当作一个个体最容易的方式，但是对有些人来说却是最难做到的事。我常常看到很多领导者没办法就下属为他们做的事而说一声简单的“谢谢”。这不仅让下属觉得自己很没有价值，还会让下属想避免跟这样的人共事。有人说，职场中领导者并不需要感谢，道谢是向下属退让的表现。不对，正好相反，只有你把跟随你的人当成可利用的物体、工具或资源的时候，你才有这种想法。肯定他人的贡献是必要的，这是职场礼仪。

不要只在写电子邮件的时候才表达感谢，还要让他人清楚地听到你的感谢，场合也要挑选得当。如果可以的话，试着在对他们最重要的人面前夸赞他们。

原则 28 每周固定跟有趣的人外出用餐

在麦肯锡做咨询顾问的时候，我从一位资深董事身上得到的最佳忠告是多花时间跟厉害的人在一起，即使得把工作延后到凌晨 3:00 也在所不惜。他说这非常有助于形成开放的思维模式，尤其是在你二三十岁的时候。

有个形容好书的说法：只要一本书有一段话或一个观点可以改变一个人的人生，就值得一读再读。只要你碰到某个人可以分享给你让你进一步思考的观点，那么就该多花些时间再见一见他。多认识人的主要理由之一就是可以拓宽你的思维。你在快 30 岁的时候就可以开始清楚地看出某个年轻人是否有成为领导者的趋势——展现出类似 50 多岁的人才会有的思维复杂度的领导者。此外，哈佛大学教授罗伯特·凯根和丽莎·拉海写道："从多方面评估，思维复杂度跟工作能力的提高是相关的……它的提升与 CEO 和中层管理人员的效率正相关。"[7]

最近我见了一位教创意写作的教授、一位年轻的对冲基金经理和一位在谷歌工作的朋友。从他们每一位身上，我都学到了宝贵的一课。跟教授的讨论让我学到：在追逐机会的时候要更有创意、更不屈不挠，机会渺茫的时候更要如此。那位聪明的教授在英国通过远程学习拿到博士学位，同时抚养两个小孩并做全职翻译，还出版了好几本书来提升他的个人品牌影响力。对比咨询业，对冲基金行业的重点是要实现目标。根据那位对冲基金经理朋友所说，“只要目标实现了，你想做什么都可以”。这跟咨询业这种面对客户的行业很不一样。因此，如果你喜欢更加黑白分明的“结果”导向工作，类似对冲基金经理这样的工作比较适合你。我很惊喜地学习到：原来谷歌甚至比麦肯锡还要以人为本。我一直以为谷歌比较看重技术导向，也就是只重视编程语言且产品创新超过一切。

对于每一次相遇，写下如下这几个关键问题：

- 你的工作最有意思的地方是什么？你工作的回报是什么？
- 你的愿景是什么？你是怎么达成的？

- 最近有什么新鲜有趣的事？或者，有什么新鲜事之前曾引起过你的注意？

要结识有趣的人并不容易，这需要耐心，尤其如果你没有这种习惯的话更是如此。因此，你需要先建立一套可以改变现有行为的可靠方法。以下是几个易于遵守的准则，可以让这种习惯更容易养成：

- 从身边的人开始。
- 根据行业、职能、兴趣、年龄范围等来设定你自己的筛选方式。
- 打开你的电子邮箱，进入联络人列表，写几封电子邮件给已经好几个月不见的人。周日早上是做这件事的好时机。
- 挑出一周中约人成功概率较高的一天。以我的经验来说，周四最容易约到人，周三通常是最忙碌的一天，周五则要留给对方私人时间或比较非正式的晚餐时间。
- 准备至少一个你最想从对方那里获取答案的重要

问题或主题，同时也要准备你想跟他们分享的事。

- 保持连续的尝试，而不是一次的练习。不要因为对方临时爽约就打住，虽然这种事真的会发生。
- 谈话结束后不要给对话评分，比如“这次是 A”或“这次真是浪费时间”。同时，也不要给自己评分。

一个让你受益的方式是会面后把你的总结和想法写下来。我会随身携带一个小笔记本，道别之后赶快坐下，花 15 分钟左右把我学到的东西简要地整理出来并做记录，这样就可以保存下来一个生动的故事。

理解

这部分有五大原则。

原则 29

有意识地评估你的下属。分析团队成员的工作流程、问题分析的能力、意愿、合作度、过去的表现，以此提高自己解读他人的能力。

原则 30

给团队成员分配有意义的任务。分配能够独立执行、有挑战性、回报导向的任务给团队成员，给予他们成长的机会。

原则 31

刻意通过现场工作辅导来培养团队。成为团队成员的教练是创造影响力和追随意愿最有效的方法之一。

原则 32

用正面批评来给予反馈意见。若你能找到一个简单的技巧，那么给予批评指教不见得一定要严厉。

原则 33

取悦你的助理和后勤支持团队。助理和后勤人员对你的成功至关重要，请给予他们最大的关怀。

原则 29　有意识地评估你的下属

要如何判断某个人能做多少工作？有一套标准判断方法吗？为什么有些人就是很擅长解读他人？这种能力是怎么来的？

当上领导之后，你必须学会解读他人，这是真正可以让你脱颖而出的能力。你需要培养敏锐的触角来评估团队成员完成大、中、小任务的能力，以及完成的质量与数量。

你是不是这样想过："早知道这个人会给我惹这么多麻烦，我就自己做了！"我敢说你一定曾经为了不必要的重复工作恨不得用头撞墙，或许还砸过电脑，也许一次、两次或更多次。被某个能力不足的团队成员气到是你最大的噩梦。可是，这到底是谁的能力问题？是你的还是你团队成员的？

有句话说："如果听的人没听懂，原因通常是说的人没有说清楚，而不是听的人理解能力不够。"同样地，项目领导者也必须用这样的标准来衡量自己的处境。以下是四个必须铭记在心的核心问题：

- 你分配这个任务给这个组员是正确的吗？
- 你是否仔细地把最终要实现的结果说清楚了？
- 你预估的最后完成期限合理吗？或者说，你是不是太乐观了？
- 你有把所有可能的障碍都考虑进去吗？

大多数时候，领导者最大的价值就是把问题和必须采取的行动分配得很细，细到可以用容易理解的话说清楚。你作为领导者，应该是你来调整任务的分配，并合理匹配团队成员的需求，这个工作不应该交给团队成员来做。你必须学会自如地运用这项能力。

基于我的经验，当你想要有效地评价团队成员时，可以从五个角度着手：

（1）流程。这个人同时处理多项工作的能力如何？他能快速筛选工作，分辨工作事项的优先级吗？这个人会不会拟订工作计划，并且遵守大家商定好的时间表？

（2）问题分析。这个人的分析能力怎么样？他的专业能力是什么？你需要为他提供多少指导和修正？

（3）意愿和态度。这个人会主动完成那些“分外之事”吗？这个人的学习欲望有多强烈？

（4）合作心态。这个人是否成熟？他对团队和客户能产生正面影响吗？

（5）过去的表现。这个人有过重大过失吗？他能快速进步吗？

可以用以下方法，试着实际检验上述第（1）~（4）项：

- **用小任务来测试。**当你分配琐碎且不重要的工作（比如打印文件）时，仔细观察这个人的表现，这很重要。他有没有采用适当的格式打印出来？他有没有先询问你的需求？如果不确定到底要用哪个格式，他有没有把两个版本都准备好？以上都是你可以观察他够不够细心的线索。
- **项目刚启动的头几天花足够的时间跟每个人相处。**在项目刚启动的头几天需要特别注意关注每个人的特点，以免项目进行了一段时间后碰到要返工的情况，那时你会需要团队成员尽快跟上进度。此外，除了才能之外，也不要忘了观察团队成员的个性。一旦项目出现紧急状况，心态好的团队成员能坚持走得更远。

原则 30　给团队成员分配有意义的任务

几年前的一次内部总结会议上，一位初阶项目经理谈到分配任务的困难。如同上面所说，有效评估团队成员是首要之务。如何分配有意义的任务有一套规则可循。

分配给团队成员有意义的任务，不仅可以让工作推进得更顺利，也能取得更好的成果。早年我在担任项目经理时，就从一位资深董事身上学到一个聪明的方法。他说："如果你要写一封电子邮件交代团队成员去做某一件事，那件事需要投入的精力和时间至少是你写这封电子邮件所花时间的 3 倍，否则你自己做就行了。"当然，具体需要多少时间没人能提前估算得很准确，不过这句话想表达的意思很清楚。所谓有意义的任务，必然是要花费时间和精力的任务，并且它会产生一定的影响。

回想你曾经在执行某一项任务的过程中让你觉得很快乐的原因，通常归根结底只有几个要素。第一，这项任务或挑战是你靠一己之力解决的，就像小时候学会骑去掉辅助轮的自行车一样。第二，这是一项不简单的任务，这就是为何学会骑自行车之后往往能一辈子记住那个学会的瞬间。第三，这是一项你的同事或领导会表扬和认可的任务，也就是说，任务要足够有意义才能获得表扬。当公园里其他小孩睁大眼睛看着你刚学会骑自行车，当你的父母和其他大人也纷纷向你表示祝贺的时候，想必你一定开心得飘飘然，好似飞上云端。所以，交付所谓的有意义的任务，应该兼具三个特质：独立完成、有难度、会被认可。

如何打造出独立、有难度、有挑战性并且完成后能够得到认可的工作呢？

独立的工作：

- 由个人独立负责，不跟团队其他成员的工作有交集（比如有清楚明确的责任归属和所有权）。
- 可以让人在会议上做简报，或在单独的议程中引导讨论。

- 不需要等待另一个人的资料或结果输入就能完成。
- 可以由个人独立完成。

有难度、有挑战性的工作：

- 有清楚的解决方法或最终结果，但是如何达成并不明确。
- 不在舒适圈内。
- 有全新或半新的工作内容。
- 会让人说这句话："我需要花点儿时间想一想。"
- 会让人感到兴奋。

会被认可的工作：

- 对客户和公司内部的讨论都有实质性的影响。
- 是独特的、发人深省的、真切的。
- 无论对谁来说都很厉害，就像学习用钢琴弹奏一首曲子。

分配有意义的任务时，除了要具备以上三个特质，还要确认每个人都了解自己的工作如何融入整体的大目标。我们忙着打造最终成果的蓝图时，往往忘了所有团队成员的思维并不像已经联网的电脑那样可以随时同步。如果你记得把整个大目标说清楚，那团队成员不仅会对你产生认同，还会尽最大努力达成更好的成果。

最后一点，一有机会就把聚光灯焦点让给其他人。我们跟客户开最后一次进度回顾会议时，董事特别公开表示，对项目帮助很大的统计回归分析工作是由我大力促成的，这要从总共超过 80 个仓库收集库存数据。不过我接着发言表示：这项分析之所以能完成，要归功于一位分析师不懈的努力，是他把庞大的数据资料下载下来。我要确保让客户知道他的辛劳。这件事的重要性说再多次也不为过：用心表扬团队成员的表现，不只在内部团队和部门主管面前表扬，更要在最末端的客户面前表扬。要不要给予适当的表扬，决定权在身为领导者的你手上，请做出明智的选择，不要吝惜你的赞美。

原则 31　刻意通过现场工作辅导来培养团队

创造被追随的影响力对任何领导者来说都是不可或缺的能力。随着你的职位越升越高，令人钦佩的地方就在于你的追随力。以下几个词语和创造被追随的能力有关：激励人心、有个人魅力、创新、热情、与众不同，等等。其中有许多特质得经过漫长时间的累积才能获得，还有一些非常难以获得。不过，有一个要素可以大大帮助你获得追随力，而且好消息是你也做得到，那就是：刻意的教练式辅导。

我第一次到上海做项目时，遇到改变我一生的项目经理马尔里克。他是个一丝不苟、关心他人、热衷冒险的人，以前还在德国教授过财务模型。当时他在中国负责对外业务，某个周末他走进办公室，教我和另一个分析师建立财务模型。他一开始走向我们的时候，只是开玩笑地说要在周末免费辅导我们，结果我们竟然出乎他意料大叫“好啊”。接下来的周六，他跟我们一起从早上10:00待到晚上6:00，把所有财务模型都解释了一遍。那天晚上，我们一起为我们的学习收获庆祝了一番，这段经历非常有趣。这类故事常常能在麦肯锡听到：资深领导者腾出时间，无私地教导麦肯锡的同事。这是因为领导者都知道，无论是对麦肯锡还是对他们自己来说，培养未来领导者都是成功的必要条件。

当然，主动把自己的时间奉献给他人说起来容易做起来难。尤其当你是个忙碌的领导者，有忙不完的工作时，除非公司要求，否则根本没有充足的时间提供临场教练式辅导。就算你没有那么忙碌，把宝贵的时间花在辅导那些你可能不会再跟他共事的人身上似乎也没什么道理。

几年后，有一次我采访乌尔里克，他说："说到底，帮助别人学习和成长可以让我找回满满的活力。通过教练式辅导，你不仅提高了整个团队的工作效率，也可以让你自己更深入地了解那个主题。"不管在什么地方，如果你想成为称职的领导者，都需要成为导师。此外，你会希望你的学徒跟你有一样的价值观，而通过刻意的教练式辅导就可以建立那种正确的思维模式。这不仅是很务实的工作方法，对个人来说也是一种回报。

还有一位董事告诉我，他的教练式辅导主要运用在工作以外的场景，也就是跟职业生涯发展或兴趣有关的目标。他制作了一个表格，填入了团队成员的长期志向、强项、学习目标、发展需求等，然后工整地装订好。他每隔两三周会跟个别团队成员交谈一次。他说这样可以追踪互动，协助团队成员找到工作的意义。举例来说，如果有个顾问对教育有兴趣，而项目内容是替一家汽车公司削减固定成本，则这个人可能很难维持对这项工作的热情。这时，这位董事会试着把项目跟教育关联起来，譬如举办内部培训或能力培养研讨会，以培养那位顾问的兴趣。他认为这是唯一可以真正关注每个人的方法，而且可以了解驱动每个人的动力是什么。

乌尔里克对他培养他人的能力感到自豪。他帮助过很多新人顾问成为成熟的领导者，他所建立的追随力是可以一直延续下去的。直到现在，每当我需要帮忙的时候还是会找他。而我对他的回报是只要他需要我的协助，我就一定会竭尽全力。距离我们上一次共事已经过去五年了，虽然我们相距遥远，但是我们的关系仍持续不断，这种独特的情谊可以通过工作中的教练式辅导创造出来。

原则 32　用正面批评来给予反馈意见

在时间有限的情况下，人们倾向于给出快速、简短、直接的反馈。当然，伤害别人的情感并不是你的本意。对于领导力，我的立场很简单。快乐和正面的人更讨人喜欢。人生苦短，不该老是批评别人。“我们有 80% 的时间是在谈论出错的部分，所以我想把重点放在如何把这种负面沟通做得更好上。”前面提过的劳伦特这么告诉我。

不管什么情况，总是有办法不必疾言厉色也能沟通严肃的意见。你绝对不希望看到任何人气馁、失去动力，尤其项目还在进行时。因此，你应该采用巧妙的“正面批评技巧”。以下的例子将告诉你如何运用这个技巧：

- “詹姆斯，你最近做的回归分析真的很棒，客户对我们有办法找出效率低下的仓库都赞叹不已。”（以正面评价开始）
- “不过，我把资料转成汇报材料的时候还是发现有

错误，所以我得来来回回对照 Excel 表，确定所有错误都改正了。”（批评）

- 接着给詹姆斯解释的机会。
- “我建议你下次把所有内容全部打印出来，把所有数据再检查一遍。”（提出可行的建议）
- “不过，你在阿贾伊面前交付的成果非常出色，真是出类拔萃。”（以正面评价收尾）

“正面批评技巧”背后的逻辑很简单：先赞美，然后提出必须改正之处，最后再以赞美收尾。赞美不一定要跟手边的问题直接相关，也可以是一些琐碎的小事，譬如“我很感谢你每次都预先帮忙确定团队会议室和时间。”这个方法非常管用，不需要花太多时间，也不需要把自己弄得神经紧张。这个做法很划得来，因为接收者会得到两好一坏的反馈，而你一定希望团队成员随时充满正能量，可以应对任何情况。

这种反馈意见为什么很重要？为什么该在意这件事？

临场测验一下：CEO 花最多时间处理的事情是什

么？你知道 CEO 有至少一半的工作是在寻觅人才吗？这意味着人才很稀有，招揽到比较好、比较有才能的人就能提高公司的竞争力。将近半年前，我跟一位麦肯锡校友聊天，他当时是 eBay 在中国的商家销售总经理，刚走马上任。他告诉我，他很惊讶他把超过 60% 的时间都花在管理工作动机，以及草拟聘请员工的诱人条件上。顶尖咨询公司与投资公司也会花费数十亿美元做类似的事情。不过，接下来你该问的问题应该是：要怎么培养人才？

麦肯锡特别重视意见反馈和职业生涯发展，这是因为我们认为所有顾问都会是麦肯锡的“毕业生”与“校友”，他们会继续在人生旅途中成就大业——不要忘了，每 690 位麦肯锡校友当中就有一位能成为上市公司的 CEO。不过就算不是咨询业，培养人才也有直接的益处。如果 CEO 的工作是寻找人才，而且知道优秀人才难求，那么就得知道如何打造人才。每次你花 3 个小时写反馈意见或是提出正面批评，几乎就是在将你的所学用于培养人才。

原则 33　取悦你的助理和后勤支持团队

预订会议室、找很棒的餐厅、排定会议、安排或重新安排电话会议等，工作中有诸如此类的多如牛毛的后勤差事。最惨的是，不会有人真的感激助理后勤人员把工作做好，他们的辛劳总是被视为理所当然。但如果他们没处理好，哪怕只有这么一次，大家也会认为他们很糟糕、不胜任。失败的风险太大，还是让专家来处理。

如果希望助理们尽心尽力，就必须让他们开心。花时间向助理们说明项目的主要内容与情况，最好每隔几周就跟他们坐下来开一次会。在我负责项目时，我会跟助理们开“启动会议”，在项目开始后的第一周或是更早，花一小时说明项目范围。每个项目进行时，我会把3～4个核心助理集合到会议室，请他们一边吃大家都喜欢的甜点，一边听我讲话。他们真的很高兴，所以项目结束后仍然很愿意帮忙，会协助我处理其他许多琐碎事务。

在学术界，心理学家针对社交方面、情绪方面、实务方面的情商做了大量丰富的研究——可以先从丹尼尔·戈尔曼的著作入门——这些研究调查了人如何通过知道该说什么、该如何说、该在什么时候说来获得他们想要的东西。其中最理所当然的方法之一是告知大家项目的全貌，而不是零碎的信息。当然，你可能会认为，说清楚你想达成的结果或项目的预期成果等重要信息会浪费你的宝贵时间。但当你把项目目标分享给助理们后，在你需要他们的时候，他们会更愿意协助你。有些董事甚至连待办清单都会分享给助理们。

只要把这变成习惯，助理们几乎什么事都乐意帮你。有一位助理曾经令我很感动，每次我从客户那边回来，她一定会帮我预订好团队办公室，我什么都不需要吩咐，她会先看过我的行程表，主动提前订好。后来，我们在海洋公园举办项目结束后的烤肉会，所有助理全员到齐，我的团队成员都很惊喜，其中一人还说："这是我第一次看到这么多人同场出现！"除了需要身为项目领导者的专业能力，这种力量你也需要——这是"聚人"的一大利器。

所以，从下次开始要切记，用尊重和关怀的态度来善待团队助理以及项目助理，这会是你最物超所值的投资。出差别忘了带一些纪念品给他们，还可以用提拉米苏“收买”他们。

另外还有几个额外需要注意的方面：

（1）准备的纪念品要体面一点，要送他们那些有代表性的东西。

（2）尽早安排正式会议说明你的项目目标。

（3）邀请助理和后勤人员参加团队正式的晚宴或聚会。

（4）了解他们家庭的详细情况，以便下次可以为他们做些事。

早点开始养成这个习惯，随着你的职位越升越高，你需要越来越精通这套方法。

第 3 章

精通流程管理

生产力从来就不是偶然。它总是致力于追求卓越、明智规划、全神贯注的结果。

——保罗·J. 麦尔

流程管理是效益的支柱。说到流程，你的脑海会浮现哪些字眼？路径？流程图？价值链？任何工作的本质都牵涉某种形式的流程：“为什么是用这个方法来做？”“我可以怎么把这个做得更好？”一般来说，研究流程就是在寻找更容易执行、更节省时间、更有成效的线索。

前两章探讨了如何自我培养以及跟他人一起成长，两章的重点都在于你与他人的思维模式和能力。而在这一章，我想谈谈重要的生产力问题以及促进流程管理的利器。

生产力以及流程管理的利器

原则 34

开会前永远先把议程准备好。排定议程就是排定优先顺序，这个过程相当重要，因此一定要提出议程。

原则 35

“四格”待办清单。优化你的待办清单，方法是将清单分成四个不同栏位：目前的工作、本周新安排、私事和新收获。

原则 36

聚焦于结果，而非过程。为了把重点放在结果和成果上，引进报到（check in）和报离（check out）政策。

原则 37

提前了解你的会议模式。事先将会议分门别类，以便预做必要的准备。

原则 38

用 5D 法则积极地管理电子邮件。使用 5D 法则——授权（delegate）、删除（delete）、延后（defer）、精简（deword）、注销（deactivate），以便享受不被电子邮件干扰的健康生活。

原则 39

尽早发声。掌握 6 个从周边发言的机会，以便能够参与讨论。

原则 40

制作简易的汇报工具箱。熟记 6 张组成汇报主干架构的核心图表。

原则 41

拟定简单好用的进度更新模板。一定要有一个进度更新的模板，并且确定所有人都在你的沟通群组里。

原则 34　开会前永远先把议程准备好

不论是内部还是外部的讨论，先把议程拟好必不可少。如果负责人不是你，那就问问对方是否拟好了议程。如果没有，你就该自告奋勇，在会议开始之前或会议头五分钟迅速把议程写下来。

有些人可能会问：这不是显而易见的事情吗，为什么还要特意指出来？这是个好问题。那是因为经历过这么多麦肯锡以外的项目之后，我发现很多会议都没有议程。听起来很不可思议吧，不过这是千真万确的事。小型会议尤其容易忽略议程的重要性，但小型会议反而才是最需要有架构的。若是没有议程，会议就会没完没了地进行，而且没有重点，使得整个会议室的人都不开心。

简单的会议议程样例如图 3-1 所示。

拟定会议议程是个自上而下的过程，是一种承诺。我们常常不会特别留意这件事的价值（因为议程就像一个不知名的人做的“无关紧要”的事），但这是一个排定优先顺序的重要过程。拟定议程的时候，必须特别注意措辞和传递出去的信息，所以企业 CEO 都会力求自己已清楚易懂地“设定议程”。日常中，从以下几个角度可以看出议程的重要性。

7月18日议程：2:30-5:30	相关人员		
议题	主讲人	协助人	时间（分钟）
• 快速说明现状以及根本原因，讨论遇到的问题、即时的补救措施、需要的额外资源	×××	×××	10
• 绩效管理	×××	×××	30
• 新措施及宣传	×××	×××	30
• 各分公司财务绩效	×××	×××	30
• 根据会议优先级别决定它们的负责人和地点	×××	×××	10
• 平衡短、中、长期需求	×××	×××	15
• 根据效果锁定全球拓展计划的区域	×××	×××	15
• 讨论8月8日会议的待办事项	×××	×××	30
• 问答环节及接下来的步骤	×××	×××	10

图 3–1 议程

1. **有了议程，就算讨论很激烈也不怕漏掉重点**。很多人的注意力很短暂，只限于听 3～4 个句子，如果还有另外 3 个会议要开，或是有一份紧急文件几小时后要交，注意力就更难集中在眼前的演讲者身上。通常，整个议程都讨论完之后，一定要问：“这次会议有漏掉任何重点吗？”然后快速跟在座每个人确认一遍。这么做可以避免期待落差，尤其如果有人是怀着不友善的想法走进会议室的。

2. **如果听者感到厌烦，有了议程就可让你直接跳到有趣的部分。**由于种种外在因素，会议往往无法依照原定规划进行，不过有些问题还是需要在会议上讨论，有些则是会后处理即可。举个例子，在一次跟一家大型制造厂国内业务主管进行重要的督导会议时，我们很快就发现对方主管没有耐心听我们讲。我们当时必须让他知道有些工厂绩效不佳、未充分发挥效能，导致该公司出现重大亏损。不过我们并没有按照一板一眼的固定方式来沟通这些议题，没有拿出分析数据等事实论据，也没有综合整理出一些“那又如何”（so what）的问题，而是直接提出建议和行动方案。如果他想知道背后的原因，我们也能马上回头找出那张演示文件给他看，不然就只需要讨论该做哪些必要的改变——必须动用哪些能力和资源，以及完成任务的时间线。

3. **议程可以让你领先听者一步思考。**卡伦是一家大型咨询公司的资深经理，也是我的朋友。有一次她告诉我："有议程会给人比较可靠的感觉，因为有议程代表你事先思考过。"我请她进一步详细说明，她说很多人都有强烈的欲望想在会议前就"全盘掌握所有事情"。然而，在繁重的工作之下，几乎不可能事先预料这周接下来会发生什么事。她举了一个跟一家客户的人力资源副总开会的例子。在会议上，她仔细把议程分成两部分，一个是"她已知"的部分，另一个是"她必须知道"的部分。她先努力思考客户想要什么，而由于她已经特别指出她比较不清楚的议题，所以她就能够直率地问问题。她说："彻底想清楚，然后写在纸上，你就不必提心吊胆，不会因为自己有所不知而感到害怕。"事后，客户称赞她的坦率和条理清晰。

不过，会议议程和结构如果太过僵化，有时也会令你心力交瘁。遇到这种敏感情况时，必须快速果断地做出决策——抛开你的议程。通常这种情况会在参与者（尤其是重要客户的关键决策者）没有到场或并不买账的时候发生；这些客户的重要角色如果不全情投入，接下来对任何步骤都会充耳不闻。请相信你的第六感。虽然你也许很渴望把讨论带往你要的方向，但你也必须学会同时当主讲人和旁观者——人在会议室里，但同时也站在会议室外观察。如果侦测到原本规划的流程并不管用，与其一意孤行前进，不如后退一步，倾听真实情况。只要简单问一句："我们现在到底该讨论什么？"请做好准备，有时得抛开你的议程。

原则 35 “四格”待办清单

每天的待办清单用什么方法整理最好?

在我早期当实习生的日子里，我学到的最重要的习惯之一来自一位特别的董事。他总是把待办清单分成四部分。他是一位资深董事，也是规划事情的专家。他从不会错过客户会议，也很少需要改期原本约好的电话会议。甚至，他会提早三周发电子邮件给团队，请他们为另一个团队成员准备生日礼物。他之所以能做到，是因为他有一种功能强大的“四格”待办清单（详见图 3-2）；四格分别记录目前的工作、私事、本周新安排（为未来工作预先做好准备）和新收获。

“四格”待办清单的功能很强大。因为左边聚焦于当下以及持续进行的事项，右边则聚焦于未来。把未来的部分分成两栏也有很明显的好处。因为一旦你开始涉及好几项不同的工作，就很容易会失去焦点，忽略了自己未来发展的需求。分成上下两栏也很方便，可以让你反复思考，反省现在手上的项目是否跟你的学习目标一致。

目前的工作（今天的日期）	本周新安排
· 为邮件待发人员清单增加三人 · 写下架构并且分类 · 再完成两篇文章 · 从研究平台下载框架 · 能力建设课程 · 把资料转移到硬盘上 ……	· 向助理要新电话号码 · 新电脑（“联想”品牌？） · 新学校的商业计划书 · 提出更多跨国想法 · 读读更多关于搜寻合适的编辑和出版渠道的内容
私事（包括健身）	**新收获**
· 预订伦敦行的音乐会门票 · 为晚餐或午餐预订两家不错的餐馆 · 解决Visa卡的问题 · 坚持日常迷你铁人三项训练 · 重拾每周的网球练习 · 给太太准备生日礼物 ……	· 阅读更多关于影响他人、改变想法的书籍 · 在接下来的两个月里出门找15个新人聊天 · 从优秀作者的作品中抄写部分文字 ……

图 3–2 “四格”待办清单

私事部分也很重要（左下那一格）。我在后面用括号加注“包括健身”，以便提醒自己持续运动的重要性。你可以试着把跑步等其他运动加进去。此外，你也可以写下重要的家庭活动，譬如买花回家制造惊喜。

“四格”清单很简单易懂。这只是一种提醒，提醒你各个层面的最新进度，以免你忘记重要事项。比如，如果看到“新收获”那一栏空空如也，可能就是你欠缺规划性成长的信号。试着每周检讨一次，并且把已完成的事项划掉。“目前的工作”那一栏千万不要写满眼前立刻要做的工作的细节，这些应该写进每天的笔记本里。

你可以把这张纸收进透明档案夹里，随身携带，每周拿出来检查反省。沃伦·巴菲特根据他的投资曾经提出这样的建议：“养成习惯，每年回头评估一次手上股票的盈亏，看看是否符合当初设定的目标。”你应该每周评估一次目标是否达成，不要一年只做一次。

最后一点，在进办公室之前就把待办清单列好。很多人都是早上进办公室才坐下来列待办清单，这是在浪费时间。

原则 36　聚焦于结果，而非过程

回想一下最近一次是什么时候问过自己这个问题：“我今天是效率高还是仅仅很活跃？”另一种问法是：“我今天已经完成某些事还是仅仅一直在做事而已？”如何才能对工作的完成量多一点警觉性？毫无疑问，衡量一个领导者的工作表现，是根据他完成的工作量以及后续产生的收益，不管是工作产生的短期还是长期的收益。

这就是要采用报到和报离政策的原因。这是大多数麦肯锡领导者都很熟悉的理论，因为我们大多数人都完成了至少一个客户项目。这套方法既简单又快速：每天开始上班之前先跟团队报到，要下班之前（或者下午 5:00—6:00）再跟团队报离，各约 10 分钟。这个方法可以强迫你把重心放在这一天下来的成果，而不是行动上。务必要学会这个方法，并且尽早付诸实践，因为它可以帮助你腾出时间，再把时间花在紧急的事情上。优秀的领导者会聚焦于好几个层面，然后透过这套方法敏锐地看出一些蛛丝马迹。这套方法的运作方式是这样的：

每天，团队成员快速围成一圈集合起来，报告今天将会做什么事。通常资历尚浅的团队成员会向项目经理或其他领导者汇报他们一天的工作安排。

（1）今天要提交什么重要的报告或工作成果吗？

（2）只讨论做什么，不要讨论如何做。有需要的话，如何做的部分可以另行召开一个会议来解决问题。

通过报到，领导者可以知道团队成员有没有确实掌控自己的工作，也有助于个人练习归纳整理自己的思绪，因为报告时要把重点一一列举。只要给团队成员几分钟时间做报告就好，如果他们的说明开始变得冗长，就马上打断："好，我们现在来谈谈想要达到的目标是什么。"你必须严格一点儿，该怎么做就怎么做。这不是在游乐园开开心心坐旋转木马的时候，而是要把事情完成的时候。这也是领导者该让下属明确的事情。

此外，还要知道"做什么"跟"如何做"是完全不同的两类话题。做什么是直接把必须完成的事情提出来，是结果导向；如何做则是关注于过程。我在很多客户身上试过讨论"如何做"，结果很多人抱怨会议开个没完，浪费了他们宝贵的工作时间，因为都在讨论跟他们手上要解决的问题无关的事。所以把“如何做”留到其他会议上再讨论。一旦你学会区分不同的议题，把做什么、如何做、为什么做分开来，你身为领导者的威信就会大大提高。[㊀]另外，把焦点放在“做什么”上还有一个好处：可以早一点儿看出事情的复杂程度，你就能早一点儿去针对某个特定的主题投入更多的资源和精力。

到了下午 5:00 下班前，你需要用报离来讨论今天的工作成果。这时候你通常要问以下几个问题：

（1）今天下班前需要交付些什么？这个问题问的是优先级。

（2）什么时候可以收到那些交付成果？这个问题问的是截止时间，同时也包含了编辑和校对所需的时间。

（3）还有哪些有待解决的问题？这个问题是预测本周接下来的工作。

㊀ 在解决问题的时间内，讨论“如何做”。在项目或目标完成初期讨论“为什么做”。在这之后，我们就不应该再浪费太多的时间。

一个健康的团队必须懂得尊重个人的时间。因此，如果还有额外工作要交代，务必设定一个固定的时间（譬如下午 5:00）来确定有谁可以负责，然后就可以放心地跟整个团队一起吃晚餐，也可以各自解散去用餐。有时候你想出城去见个朋友，这时若没有这套简单的政策你就去不成。一开始也许你会不习惯管理别人的时间，不过报离这个方法可以强迫你尊重他人。我记得我碰到过一个反面教材。当时我跟一位不在意时间的领导者共事，他会不停地工作，甚至连饭也不吃，而且期待其他团队成员都跟他一样。你一定不会喜欢这种情况。此外，报离就可以化解团队成员的忧虑，因为他们可能会想："我跟上进度了吗？是不是应该放下 Y，先做 X？"

执行报离时，成果的细节是关键。隔日会遇到的最大问题往往是由于与大家的预期不一致，所以报离时务必要了解成果的详情。如果你忙着开会，就请团队成员把当天要交的东西写在白板上，或是用电子邮件告诉你。

根据你所在的行业或部门，譬如项目管理办公室、采购和供应链运作部门、零售业营运部门等，你有时需要更加勤快地掌握所有未解决议题的动态。你可以用表格记录以及团队协作的方式，每周确认所有未解决的议题。而对未解决议题的追踪应该要涵盖的事项包括：目前的工作团队、开始与预计完成的日期、部门、主题、负责人等。

原则 37　提前了解你的会议模式

提前将会议进行分类应该成为你的日常习惯。这些年来，我会把会议分成几个不同的类型，以便提前设定我的会议准备模式并平衡我在各类会议中投入的精力。主要的会议类别包括：更新最新进度报告的会议、绩效校准会、知识分享与构思新点子的会议、解决问题的会议。这四种会议（见图 3-3 的 2×2 矩阵）可以帮助你反思你每天在哪一种会议上花费的时间最多。

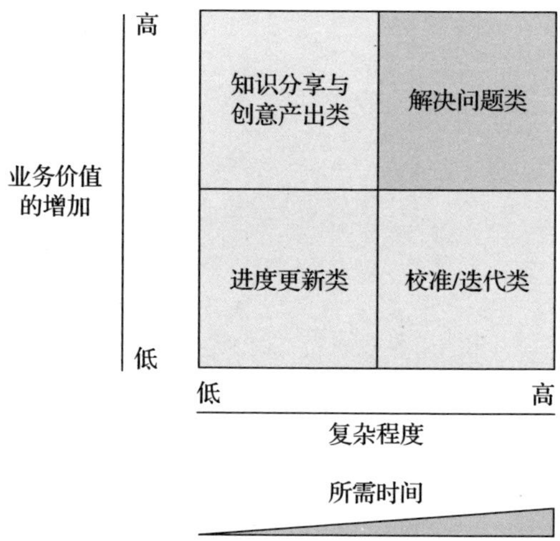

图 3-3　会议分类

通常，解决问题类会议是决策与方向导向的会议，复杂程度很高，可以产生很大的价值。知识分享与创意产出类会议是邀请各部门的专家分享不为人知的特定行业最佳实践等，是学习新知识或扩展现有工作方式的好做法。绩效校准 / 迭代类会议很棘手复杂，也无法给业务带来多大价值，你必须在会议前就设法让每个人达成方向上的一致，而不是等到会议上才开始讨论。进度更新类会议的价值通常很低，尽可能不要开，改用其他沟通方式。在这四种会议当中，务必要求自己不只掌握目前状况，还要把更多时间和注意力放在解决问题上。

在一个实体店零售运营优化项目里，我们曾亲自到卖场做一件很有趣的事：我们记录了客户工作人员在做各类事项的时候，实际花费了多少时间。通常我们把他们的行为分成三类：无所事事或浪费时间的情况、处理日常事务或突发状况、提升业务价值的事。举个例子，我们在生鲜产品区追踪记录他们有多少时间是用于上架商品、把商品排放整齐、检查及更新价格标签、把可能过期的商品收回购物车中、聊天等。无所事事的时间是指工作人员在跟同事聊天；日常事务的时间是指把购物车推到生鲜商品区等；提升业务价值的时间是指重新整理和排放商品等。类似的研究也在咖啡现煮区做了几次，以便优化店里的流程。这项研究的目标是去除无所事事的时间、简化日常事务的时间、尽可能增加可提高业务价值的时间。通过这样的分析，一般来说可以将流程上浪费的时间优化20%～30%。

很可惜，我们很少对固定的项目会议进行这类分析和优化，可是我们一天花在会议上的时间非常多，有些只要15分钟左右，有些却长达两个小时。例如，我曾经开过一场解决问题的会议，最初的目标是找出解决方法，最后却变成跟资深领导者报告最新情况。当时我应该事先通过电子邮件把资料寄给那位领导者，或是直接在会议上跳过他。然而因为这两件事我都没做，结果浪费了大家的时间。你必须先了解要开的是什么类型的会议，也要知道该如何做才能达成会议目标。如果知道要开的是绩效校准/迭代会议，就应该先做好准备工作，跟几个主要的相关负责人事先完成细节确认等准备工作。

当你有空闲的时候，赶快把这周和下周要开的会议排出优先顺序。试着简单写下哪个是解决问题的会议、哪个不是。这会对你很有帮助——把不必要的会议取消或往后延。尽可能用电子邮件去更新最新进度，这样可以帮助你节省大约 20% 的会议时间。如果同时有多位资深领导者或老板参与其中，你更需要这么做。下一步是把一部分会议分派给别人去开——要特别记住哪些会议你需要参加。清楚地将会议分门别类，你在决策时会更轻松。

原则 38　用 5D 法则积极地管理电子邮件

电子邮件很容易转移人的注意力，尤其在枯燥的上班时间，更是很棒的消遣。你越是投入，越容易沉迷；表面上是正儿八经的工作，实际上毫无效能可言，因此你需要一套有凭有据的处理原则。我的原则就是 5D：授权（delegate）、删除（delete）、延后（defer）、精简（deword）、注销（deactivate）。

（1）**尽可能把写电子邮件的工作授权出去。**你的时间有多么宝贵？闭上眼睛，诚实地想几秒钟。在麦肯锡全球研究院（McKinsey Global Institute，MGI）2012 年 7 月的报告中，我们的财经智囊写道："在 2012 年，知识工作者平均有 28% 的工作时间花在处理电子邮件上。"也就是说，如果一天工作 12 小时，就有 3.4 小时在写电子邮件。听起来很不可思议吧？我想咨询顾问平均花费的时间更多，大概将近一天 5 小时吧。这样来看的话，我们一天写几封电子邮件？根据《财富》杂志的报告，电子邮件分析与管理公司 Baydin 公布：“电子邮件使用者平均 1 天写 40 封邮件。”写这么多，大概很难写出什么有意义的内容吧？算起来写 1 封不到 5 分钟。可是我们都知道“少即是多”的道理，专注、投入才能取得好的成果。随着你转型成为领导者或希望担任领导职位，你必须学会克制住一收到信就马上回复的冲动，开始学习把这项工作分配出去。找个可信赖的团队成员，把一部分重要的电子邮件交给他负责，这个成员也需要历练及空间来展现能力。找助理替你管理工作日程安排，因为沟通、确定准确的日程属于他们的工作范畴。有些人认为指派后勤工作是经理的职责，不过那仅限于避无可避的情况，像是某个项目如果失败你就会一无所有的时候。不然的话，尽量避开后勤工作。

（2）**在路途中删除所有琐碎的电子邮件**。出差以及上下班通勤途中的时间很宝贵，应该要妥善利用。如果你很累，打个小盹当然是可以的，否则请把这个时间拿来删除电子邮件。

长期来看，这么做可以替你省下很多时间，也可以让你觉得工作很有效率。做这件事的时候，你应该把焦点放在处理琐碎的电子邮件，而非阅读信件，除非真的非常紧急。根据《财富》杂志："电子邮件管理公司 Baydin 分析了 500 万封电子邮件。每个使用者平均每天会收到 147 封邮件，删掉 71 封（也就是 48%）。"干净的收件信箱不只可以释放出空间（这是一定要的，因为包括麦肯锡在内的很多公司现在都有自动删信的流程，只要信件达到一定数量就会被删），你也更容易找出重要信息。[1]

（3）**延后处理电子邮件**。有些电子邮件回复起来很有乐趣。举例来说，如果徒弟写信给你，你会想马上回信；如果大学好友写信给你，马上想动手回信也是本能反应。虽然这些信很有趣，回完信也会有完成一件事的成就感，但如果快速草草回复的话，你也容易让自己陷入内疚之中。出现这种想马上回复的冲动时，具有"延后"心态很重要。我通常的做法是把那封信移到某个收件箱（或直接转寄给自己，事后再用自己的名字排序找出邮件），当天或那周再另外找一段完整的时间去回复。

（4）**精简邮件用字**。写完每一封电子邮件之后，检查一般的拼写或语法错误的时候，也要加入“精简用字”的习惯。方法很简单：删掉不必要的赘字。有些赘字很明显，如“为了达到”（in order to)、“事实上”（as a matter of fact)、“是否”(whether or not)，等等，我们可以先从重读 E. B. 怀特和威廉·斯特伦克的经典写作指南《风格的要素》开始。

（5）**周五晚上注销邮箱功能，直到你设定的时间才开启。**这显然最难做到，现在我们随时都能连接网络，查看电子邮件尤其是处理工作上的邮件，变得非常方便。最新型的平板电脑、手机等设备的日益普及也使得这种体验更加有乐趣，然后我们就产生了期待，期待 24 小时随时得到响应。现在我们已经无法想象一个没有电子邮件和手机的世界了。一再有研究表明，人们的等候耐心因此大幅降低，“等候焦虑症”已成为一大问题。然而，要做到有效率且有效能，就必须有一套行之有效的规则。一个常用的经验法则是：只在星期天晚上查看或回复电子邮件。如果做不到，不要忘了，错不在电子邮件本身。

原则 39　尽早发声

在会议上发声非常重要。

在麦肯锡，不管是团队内部解决问题会议、小型的客户会议，还是大型的研讨会，你在每个场合都必须发言。如果你不发言，项目第一天资深领导者就会找你做个短暂的谈话，他们会说你没有贡献。

但不是每个人都对会议的主要内容很熟悉，你可能不是那个领域的专家，又或者对事情的背景知之甚少，甚至才刚加入项目两三天。不管是什么情况，只要出现在会议上，你就必须找出自己可以有所贡献的地方。我发现秘诀是聚焦于主要内容的周边（见图 3-4）。有 6 件事可做：计时、提供具体数字、整理要点写在白板上、提出问题以澄清疑惑、简要重述下一个步骤、联系过去的主题或人物相关的经验。

计时是你最能有所贡献的地方，尤其是在你对背景掌握不全面的情况下。在需要讨论的内容很多的情况下，其他人可能专注于内容，无暇分神注意时间，这时你可以扮演计时员这个角色，以确保大家不会遗漏议程上所有的重点。

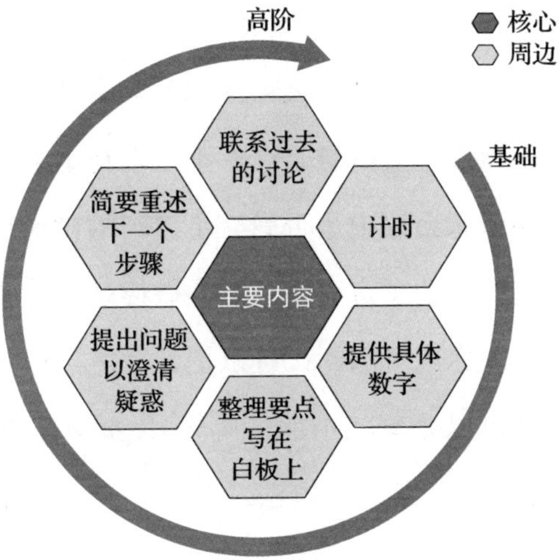

图 3-4　让你可以发声的周边活动

提供具体数字是很多聪明人会采用的一招。由于资深领导者几乎不可能记住所有数字，所以你可以事先把重要的比例、具体的数字、某个流程的详细步骤等先弄清楚或背下来，然后在会议上适时协助领导者。

整理要点写在白板上是刷存在感最好、最容易的方式。起身把会议桌上讨论的重点写下来。等到讨论稍微轻松下来的时候，或是已经讨论了 5～6 个重点之后，你可以暂时打住，吸引大家的注意力，以确保大家在这个阶段达成共识。这个方法不仅对参会者极有帮助，对你来说也是一种很好的锻炼，看看自己是否充分理解和掌握了议题。

提出问题以澄清疑惑，这件事可以在重点讨论完之后做，只要留意会议中是否尚有不清晰的讨论目标和结果即可。有些人的发言可能只是做做样子，没有真正的目标或目的。你也可以问“可以把那个重点详细说明一下吗”或“可以分享几个例子吗”，以此来激起热烈讨论。这是引起注意的一个方法。

简要重述下一个步骤通常是主持人的工作，因此，除非会议最后没有明确指出接下来该做什么，否则不需要做这件事。不过你会发现，“接下来该做什么”真的常常会被忘记。而要能够适时起身带头，你必须仔细聆听，时时留意当下的讨论漏掉了什么，务必确保在会议结束之前大家对以后的步骤都清楚明了。

联系过去的主题或人物相关的经验，这也是不熟悉主要讨论内容时有所贡献的一种方式。在麦肯锡，资深领导者从跨产业的思考角度着手，提供有意义的洞见：客户会对将可口可乐的营销策略应用于制药业深感佩服。这个方法比较高阶，难度较高，但也能展现很高的思维水平并赢得客户的信任。

一开头提过，发声非常重要：你的可信度会因此提高，不仅获得团队的信任，也取得客户的信任。这能帮助你建立自信，这股自信会再蔓延到你的其他工作领域。要特别小心的是：声音大不代表发言有意义，这 6 个周边切入点可以帮助你提高能见度和曝光度。不过你得提醒自己，发言之前务必要好好思考。我的师父告诉过我一个通用的经验法则："重点是要激起你从不同角度进行思考，而不仅仅是抒发自己的想法，只要在决策过程中代入不同角度的观点，你就有所贡献了。"因此，即使是从周边的角度切入，也得尽可能分享客观的观点。

顺带一提，在麦肯锡，"发声"的另一个定义是"提出有争议之处"。也就是说，你不应该等到最后关键时刻才表达异议，也不要最后才说出你对某个敏感议题的看法。这类似于前文提到过的"有表达异议的义务"。

原则 40　制作简易的汇报工具箱

这里将介绍 6 张关键的幻灯片，它们对我所做的汇报产出都产生过重要影响，或许不适用于每一个人，不过有标准的模板总是有帮助的。这些模板是根据麦肯锡的汇报“核心基本元素”标准筛选出来的。

（1）背景、问题、目标分别是什么？

（2）我们会带来什么改变？

（3）有哪些影响需要被量化？

（4）有哪些关键问题需要解答？

（5）详细的工作计划里面有哪些重要的专题讨论会和会议？

（6）建议该如何组成团队？

一场汇报的功能是传递信息、深入阐述某个论点、检验你的假设等。通过 6 张核心幻灯片，你就能拟出一个大致框架，完成具备这三个功能的汇报。

背景、问题、目标

很多人常常忘了在汇报的开头交代背景。之所以会如此，是因为事情的背景对他们来说已变得理所当然——他们“在圈里”工作得太久了，以至于忘了其他人对他们所做的事其实一无所知。

拟出“背景、问题、目标”(background, issues, and objectives, BIO) 来交代你目前所做事情的背景。不论是解释当前情况、当前困难，还是简短说明背景历史，汇报一开头都一定要给出有意义的背景说明。为此，我们会把我们所理解的背景情况写在左边，然后把我们打算在这个项目做的事情（也就是目标）写在右边。过去历史放在左边、未来放在右边，这样的安排很合乎逻辑。强迫自己逐条列出重点以传达关键信息是需要练习的，不过努力总会有所回报。听众没办法一次吸取超过 4 条重点，他们会失去兴趣。请从听众的角度来思考，他们内心想的通常是“告诉我最关键的问题是什么，还有你打算怎么做”，然后就照那样去做。你的工作就是在之后的工作中探索出问题或背景的细枝末节。

我们会带来的改变

如果是转型变革类的项目，“我们会带来的改变”

模板特别有用。我们称之为“从 A 到 B”模式。这个模板有两栏，一栏是“从……”、另一栏是“到……”，分别显示目前的状态以及未来想达到的状态，用这个模板可以快捷地显示最终结果，也就是“我们想达成什么目标?”在领导层或董事会层级，迅速敏捷很重要。用这个模板也可以将你所知道的部分（譬如你进行过的访谈、实地调查、分析等）整理成 5～6 个重点，草拟出一个类似“翡翠城”的理想城邦会让每个人一目了然。听众都很喜欢这个模板，因为他们可以看见全貌。

不过，简单易懂的东西反而可能很难做成。诚如美国总统伍德罗·威尔逊的名言：“如果我要讲 10 分钟的话，那我需要准备 1 周；如果要讲 15 分钟，要准备 3 天；如果讲半小时，要准备 2 天；如果讲 1 小时，那我现在已经准备好了。”能够仔细架构出一段容易理解且能激发思考的信息是一项艰巨的挑战。

用数字说故事

身为咨询顾问，我们讲话时喜欢用数字。如果谈到提高生产率，我们会用百分比；如果谈到改善存货和店面销售，我们会用周转率。语言文字可能潜藏着谎言，但数字可以让真相清楚明了。如果没有数字，很难客观地评估该从哪里着手、哪里有赢的机会、如何才能赢。不管是什么类型的汇报，数字都是支柱，应该连同最终成果一起纳入汇报中。通过“用数字说故事”模板，你会告诉听众：“这些数字是你将会看到的。”强迫自己“草拟”出几个含有关键数字影响力的幻灯片，你就能把你需要完成的分析提炼出来，然后早早跟其他资深领导者确认最终方向是否正确，以免你忙了大半天却搞错目标。有一次处理一家大型跨国制造公司的项目时，我在第一周就发现目标市场远比先前预估的小很多。方法很简单，为了计算出我们的投资回报率（ROI），我必须有一个市场规模的数字，结果市场规模只是原先判断数字的其中一部分。数字告诉我们：不要朝这个方向做。我们因而得以快速把客户的目标转向其他方向。

有待解答的关键问题

“有待解答的关键问题”模板上面列出的 5～6 个关

键问题必须是支撑起你整份文件的架构。这些问题应该清楚关联到你的目标（在第一个 BIO 模板上的目标），所以前后必须一致。比如说你的目标之一是“提出适当的运作模式”，你就必须在这个提问的模板里处理这个目标。比如你可以问：“有哪些可能的运作模式组合可适用于未来增长计划？”或“竞争对手有哪些可供参考的运作模式？”一直有人问我如何把一份汇报整合得简单易懂，简单来说，就是将其分成“主问题”和“子问题”。因为拟定正确的问题需要大量思考，挑战性非常高。

问题的拟定方式会对你和听众产生精妙但重大的影响。举个例子，请看看以下三个问题：

- 你希望贵公司对于决策主体的管控更深还是更浅？
- 你希望贵公司下放更多权力给子公司吗？
- 你希望建立哪一种运营模式，是中央集中模式还是去中心化运营模式？

我问的是同一个问题，但是问的方式大有不同。你能感受到吗？第一句比较倾向于更深入的管控，任何决策主体都希望拥有更大的决策权；第二句会让人比较倾向于赞成下放权力给子公司；第三句比较持平、不偏袒，如果想得到一个“不受问题干扰”的回答，就采用第三种问法。

总的来说，关键问题可以将你的汇报架构得更好。在提出问题的时候，你必须时时问自己“你想建构出什么”。

主要工作计划

“甘特图”是一种条状图表，用来排定项目的工作进度，由亨利 · 甘特在 20 世纪初所创。在我加入麦肯锡之前，这种图表并未在我的工作中使用过。以前我认为把工作计划视觉化只是浪费时间，但是我错了。很多真相隐藏在 Excel 表里的一栏一栏的数据中，很难察觉，我一直到进行某个产品的开发时才顿悟到这点。产品开发或上市最关键的在于两件事：各部门的密切合作以及拟出清楚明了的主计划。“主计划”模板就跟甘特图一样，只是更详细，而且可以告诉你该走哪个关键路径来完成项目。所谓关键路径，是指达到终点最省力、最有效率的方法。不管做什么，关键路径都不可或缺，因为它可以让你从一个阶段转型到下一个阶段。换句话说，关键路径可以帮助你找出工作重点。我在麦肯锡学到：将工作计划视觉化，能够标示出重要的会议、专题讨论会、阶段性目标，可以让每个人都清楚知道整个流程。而绘制主计划或甘特图就有无可取代的效果，可以让你用简单易懂的方式让大家对主要流程一目了然。

甘特图通常分成三个部分：活动的描述、时间表（在上方）、负责人或团队。在时间表上标示出重要的会议、专题讨论会、其他阶段性目标，其中的从属关系也务必标示出来（也就是某项工作必须等前一项工作完成之后才能开始，或是得先具备什么前提条件才能展开某项活动），就像是你会在产品开发的关键路径时间表上所看到的一样。

人员配置

项目里必然有利益相关者。利用“人员配置”模板事先安排职务和角色，可以让每个人设定好自己的期望值。好的人员配置，必须定义清楚你项目中外部和内部人员的层级、对角色和职务的期待、管理政策或关键绩效指标（KPI）。团队架构完成之后，必须一一与人员确认这些输出，以此强迫自己精减团队内不必要的人员，或是加入有需要的人员。

总的来说，利用以上模板，你就可以开始制作汇报资料，然后再开发出你自己的简易工具组，涵盖 BIO、我们会带来的改变、用数字说故事、有待解答的关键问题、主要工作计划、人员配置。此外，我会把要点的数量控制在 7 个以下。只要超过 7 个，不管是点子、概念还是句子，人的大脑都很难马上全部消化，尤其是进行分析并且将结果用条状图显示。我们需注意，不要有太多没有归类、无意义的分类。如果可以的话，每张幻灯片的重点、问题等资料的数量都限制在 7 个以下。

原则 41　拟定简单好用的进度更新模板

更新最新进度要花时间，不过这些是必要之恶。你不会想要花太多时间，因为更新进度真的没有太多价值（请见本章的原则 37："提前了解你的会议模式"）。萧伯纳是伦敦政治经济学院创始人之一，同时也是知名剧作家。他曾说过："沟通最大的一个问题是产生沟通的幻觉。"[2] 进度更新就是那些隐藏的陷阱。务必要有一个简单好用的交付方法帮助你保持更新。

在我的职业生涯中，我曾多次目睹年轻的项目经理给自己惹出大麻烦，因为他们忘了事先把资深董事纳入项目进度更新沟通中。更麻烦的是，麦肯锡有项目共同领导的制度（称为联合项目总监之类的）。有时这些联合领导者是隐形的，有时他们是真的想参与，很难预测。我相信这种情况在任何部门或行业都会发生。

因此，预先拟好模板会有帮助。将更新进度列入你日历上的每周待办事项中，即使已经有一个标准的更新机制，例如跟全面负责的资深领导者通话 20 分钟以校准进度，确认进度更新绝对不是白费力气。如果你手上同时有好几个项目在进行，采取这个原则会更有效率。

以下是我觉得一封电子邮件应有的样子。首先，一开头我会交代整体最新进度，然后是内容的进度更新，然后是客户交流（或是与消费者交流）的反馈以及团队进度，我会以列出接下来的关键步骤作为结尾。再强调一次，你的主要目的是避免沟通不畅的风险；要把电子邮件写得简短、清楚。

电子邮件的开头可以这样写：“×××，你好，我们刚刚结束我们的核心客户会议，一切都很顺利，以下是会议上讨论的几个重点。”然后接着写其他几个部分，你可以考虑按照以下几个指导方法列出要点。

内容部分：

- 内容可以分成重要发现与重要问题。
- 列出要点，并且使用短句子。
- 通常如果有需要的话，列出 3～5 个重要发现以及几个重要问题就够了。

- 重点放在新的和令人兴奋的发现上，重要部分用斜体或粗体来强调。

互动交流：

- 汇报并非所有领导者都知道的本周互动交流要点。
- 把重要的客户方对应人员以及你主导的议题仔细思考一遍，个人顾虑、提出的问题、可能的机会各有哪些？
- 务必时刻谨记领导者想知道什么——不只是这个项目成功与否，你还要提出未来创造其他价值的建议。

团队进度：

- 这个部分并不是要汇报团队在做什么，尽管汇报这些在项目进展糟糕的情况下会很重要。相反，这里该做的是讨论个别团队成员的强项和发展需求，以及领导者可以做些什么来加速他们的成长。
- 项目完成后，这个每周一次的进度更新也可以在反馈会议中帮助到你。万一你需要帮忙，也能让你更早引起领导者的注意。

接下来的步骤：

- 把你希望领导者知道的重要日期和截止日期加进去，提醒他们做记号标记（尽管这些日期早就应该列入他们的日程表），因为你希望他们知道这些日期是第一优先级。
- 有时候，同时告知助理和领导者接下来的步骤会让你受益。

电子邮件永远使用一致的结构，保持简单明了。向资深领导者保证你每周都会更新进度从而督促自己。坚守这个原则，你的承诺会让你清楚了解自己该怎么做。我通常会避免深夜写这些电子邮件，而是选择在安静的早晨，或是在必要的休息时间。在很多情况下，进度更新往往有助于促成对顾虑事件的讨论。

此外，从现在开始也要特别留意你写给你同事和朋友的那些简短的电子邮件。一位资深董事说过，写介绍信时要极力避免口吻太过“像朋友”。介绍某个熟人给其他人时，特别是一方是你朋友的时候，你的文字和结构很容易变得马虎或随便。请从那些做得很好的人身上学习：这个朋友怎么描述你？他用了多少个单词或多少句话？他有向受众传递正确的信息吗？请记得必要的时候，务必在电子邮件中表现出专业风范。

第4章

向前多做一步

不要被逼到无路可退时才做出改变。

——杰克·韦尔奇

从组织的角度来看，也许麦肯锡最值得学习的地方是它对迭代优化（iteration）的重视：这是一个系统性工程，它要求每个人不仅要为最终结果的产出做出阶段性的贡献，还要致力于拟合出最佳的结果。这有点类似群体智慧的概念，即结合越多人的想法，“正确答案”越容易被推导出来。其核心是一个信念——影响深远的成果来自自己的产出能够被不断持续迭代优化的信念。举例来说，我们经常会被问道：“你这个是用 ××× 做出来的吗？”即使 ××× 可能不是直接来源于当前项目团队的交付。虽然在麦肯锡有些人认为这种迭代优化很麻烦，比如这本身就是一种工作量的增加，但是大多数人还是认为这是一件非常积极的事，这样的态度和信念就是让麦肯锡出类拔萃的原因，那么成功的创业家也所见略同就并不奇怪了。迭代优化可以拆解天马行空的想象，告诉你什么是可行的。麦肯锡的领导者、创业家、CEO 都已经理解了一点——迭代优化反而是产生重要成果的捷径。

最后这个部分要探讨挑战性比较大的原则：你需要逼着自己向前多做一步，从而创造你的领导风格。

达成持久成长的挑战

这部分包含最后 6 个原则。

原则 42

毫无保留地分享知识和工具。全力以赴通过“善意接力经济学”(pay it forward economics)，让你身边的人也获得成功。

原则 43

去除物理障碍。留意你是否陷入物理陷阱，妨碍你发挥潜能。

原则 44

询问第二层问题。学习问深入的问题。

原则 45

学习简化笔记。学习资深领导者的做法，练习把笔记写得精简一点儿，用脑袋记住更多信息，以此来帮助你锻炼记忆力。

原则 46

迎接焕然一新的人生。变得有韧性、适应能力更强，宽容地面对你主动或被动的改变。

原则 47

创造自己的领导者“风格”。了解成为领导者必须具备哪些终极必要条件。

原则 42　毫无保留地分享知识和工具

麦肯锡曾经邀请哈佛大学知名的正念心理学讲师泰勒 · 本 - 沙哈尔在英国剑桥进行为期一周的培训。这次活动吸引了全球各地大约 600 位项目经理齐聚一堂。这是麦肯锡对这些刚刚通过重要的职业生涯里程碑、正式跨入领导层的项目经理的认可。在演讲中，本 - 沙哈尔分享了可以获得快乐的 6 个因素[㊀]，其中一个是“给予和奉献”的精神。这提醒了我，在麦肯锡任职的那些年，这种精神是多么重要。

加入麦肯锡担任商业分析师或咨询顾问后，学到的第一件事就是寻求帮助。新手咨询顾问常常向资深领导者寻求帮助，因为他们欠缺足够的实战经验且对行业形势不甚了解。一开始，每个人多多少少都会迟疑，连自己发出的信息会不会被领导者关注到都不清楚，更不

㊀ 为了达到一种健康幸福的状态，本 - 沙哈尔认为一个人应该：①有未来的目标；②有“给予和奉献”的精神；③有乐观的态度；④有明确的榜样；⑤掌握以意志力为中心的方法；⑥每周至少进行 3 次体育锻炼（EM College，University of Cambridge，July 2013）。

敢奢望能获得有意义的回复。但是过不了多久（而且出奇地快）咨询顾问全都能从资深领导者和专家那里得到及时、有价值的回复。麦肯锡能成功，其中一大原因是这家公司的文化中植入了“善意接力经济学”（pay it forward economics）——你帮助别人，别人再帮助别人。这种给予和关怀的心态激励了我接力下去。所以在加入麦肯锡后的第一年，我也决定将我积累的工具和训练资料分享给商业分析师同事。我依照不同的职能和行业汇总整理出简洁的框架，以此帮助同事们加快绘制图表的过程。比如，我分享了不同形式的流程图（process flow）以及价值匹配表（value-mapping chart）。此外，我还把辛苦做了好多天的财务模型表格发送给大家。我知道有些同事很欣赏这些，因为私下里他们会来问我要更多资料。另外，出于兴趣，我还绞尽脑汁地收集了各种不同的图表，有会议桌、帅气的人物，甚至是汇报展示时通常不会用到的一些东西。后来，这样的做法慢慢开花结果，每个人都开始分享各种诀窍，从各种类型的面试经验到执行摘要都有涉及——当然这些材料都是不包含客户敏感信息的。

在一个竞争激烈的环境下，人人都想领先他人，那么分享自己独享的资料似乎不符合逻辑，因为你冒着失去竞争优势的风险，尤其在麦肯锡这种不升职就出局的文化里。我本来以为这种分享知识的想法是有害的，然而我错了。在麦肯锡，你很快就会发现，这里鼓励大家分享知识。我们有个内部知识数据库平台，咨询顾问可以在上面分享各式各样的资料，从只有一页纸的新知识发现到深入研究的论文，涵盖了 20 多个行业以及多种职能。我们随时可以上去搜寻相关的专业知识和可供进一步研究的资料。上面除了署有作者的名字，还有资料上架时间、目标读者、许可使用范围和权限，等等。麦肯锡的咨询顾问和研究人员通过上传各类资料来为组织做出贡献。每当咨询顾问使用“加速 ×× 研究”这个说法时，通常就是指阅读以往总结的资料，以便快速获取有意义的背景知识。这个平台的文化氛围源自骄傲，而非义务。根据我的经验，你帮别人成功，别人也会帮你成功——不过不见得是接受你帮忙的那个人。事实上，我至今还记得进行一项德国汽车研究时的一位很出色的资深咨询顾问，他一路引导我学习各种基本理论，让我得以在麦肯锡直接升任咨询顾问。他支持我前进并指导我，他寄给我的宝贵资料——一套结构化的展现领导者在项目中当前该注意的事项以及团队成员发展需求的模板——我仍沿用至今。感谢他的忠告，令我很早就知道该向哪里努力，我甚至知道内部晋升的决策委员会是如何运作的，以及通常有哪些人参与决策过程。

“给予心态”还有一个好处，是可以令你得到大幅度的自我提升。这令我回想起哈佛大学正念心理学讲师本－沙哈尔的演讲，他跟我们分享了芝加哥贫民窟孤儿的故事。那群跟环境格格不入的孤儿一直是那个社区里贫穷、问题丛生、不快乐的一部分，他们就是无法变得更好，多次帮助他们的尝试全部失败了。直到几个心理学家进驻这个社区，并要求孤儿去当志愿者协助比他们更贫困的团体后，奇迹发生了。这些孤儿做完志愿者之后开始转变：他们的成绩变好了，对社会的态度也改变了。其中的学问很简单明了，但是所产生的结果很惊人：当你伸出手帮助他人的同时，也是在帮助自己成功。当然，职场并没有这么戏剧化。不过，当你开始给予、为他人奉献时，你会开始自省。举个例子，因为你不能分享糟糕的流程图，你得主动去学习什么才是最好的流程图。在这个过程中，你就是在训练自己做到更好。学到了精髓之后，下次面临类似的挑战时，你已经准备就绪，然后你的目标就会设定得更高。

最后一个建议是关于如何将你的给予最大化。当然，你可以先把重点放在这个问题上："如何能给人带来显著的价值？"不过，接下来你也可以想想这个问题："如何能在给我自己带来显著价值的同时也对别人产生巨大帮助？"如此一来，你的脑袋和心灵会同步，帮助你做出值得做的行为、产出更好的结果，最重要的是还能持续做下去。举个例子，如果你也有兴趣在户外做志愿者，而不只是待在敬老院，或教贫困孩童，你可以试着更有创意一些。以我为例，我加入了一个教会朋友带领的跑步团体，用跑步来募款，帮助一个年轻女孩对抗癌症。我们每个周末都跑，有人会准备午餐，每个人捐点钱给一个基金会。我们不只是为了自己的乐趣而跑，更是跟他人产生了关联。这么做可以让我们重视健康，也赋予跑步更多的意义。试着替你的给予找到一个理由和意义，这可以帮助你锁定目标并获得你想要的结果。

原则 43　去除物理障碍

最近麦肯锡上海办公室刚聘请了一位经验丰富的人士，他的太太住在马来西亚，需要他抚养的父母则住在欧洲。他面临一个严重的问题：表现不如预期。这份工作从一开始就不合理，不过他仍然决定接受，但这样的安排注定会以失败收场。

如果想成功，你所做的决定就必须能给你的生活带来好处，并尽量避免增添障碍。举个例子，如果你的工作刚起步，至少头几年应该住在公司附近。万一在公司加班到很晚，花 20 分钟还是花 1 小时到家，两者的差别可就大了，因为这会影响你的睡眠时间，而从长期来看，睡眠不足会大大影响你的表现。此外，住在公司附近还有其他好处，如果想提高某项能力或研究某个主题，你会有更多的时间留在办公室。

你大概常常听到这种说法："在对的时间（time）、对的地点（place）、对的场合（occasion）"（缩写是 TPO）。人生大部分的成功都取决于此。那么，其中哪个要素最容易掌控或左右呢？时间肯定很难掌握，场合也得依赖于其他要素的配合。所以，根据排除法，地点，也就是物理结构，是你最有可能掌控的要素。

你的日常决策必须着眼于长期效益。雇用钟点工帮你打扫屋子、整理物品，你就可以把更多时间花在社交和能力提升上。请人打扫虽然听起来很花钱，不过绝对值得，省下的时间足以改变你的生活。如果仔细看看实际的执行细节，请人花几小时来打扫整理绝对划算，因为你就可以在周末做其他的事情或执行其他计划。有一位成功的连续创业者黄健，目前是畅路销（Channel Advisor）中国区的CEO。这是一家在纽约证券交易所挂牌上市的公司，提供云端电子商务管理解决方案。他告诉我，他非常注重单位时间价值的最大化并尽可能地排除任何物理障碍。他说："一定会有事情阻碍你，重点是你一定要有一个很明确的目标，还要有办法消除变数。"

在你的职业生涯中，你必须时刻留意明显的物理陷阱，并尽可能避开。我个人的亲身经历就可以当作借鉴。我被安排参与了一个项目，该项目没有适合的项目总监（负责该场研究的董事），因为原本的项目总监正要离开麦肯锡，我们也是第一次跟那个客户合作。雪上加霜的是，对于服务这类客户，我们的经验几乎是零。除此之外，参与这个项目的其他董事已经分身乏术。也就是说，他们无法分配足够的时间投入这个项目。最后，这个项目的研究时长也比一般情况要短。尽管情况如此严苛，但我还是接受了这份工作，一心以为我有办法迎接这场“浪潮”（当时我被先前一连串的巨大成功冲昏了头脑，以至于变得不够谨慎）的挑战。结果，虽然我们顺利交付了这个项目，符合客户的预期，甚至还超过了他们的期待，但我们整个团队的士气、投入的精力、我的信心水准、后续的内部关系等都大受影响。每个人都知道那是一次糟糕的安排，但是没有人愿意承认，最后所有指责都指向了我。

记得这一点：只要位置对了，离成功就能更近一步。就是这么简单。

原则 44　询问第二层问题

咨询顾问，从定义来看，是客户的领导力导师。因此，优秀的咨询顾问在入行之初都会培养一种问题导向的工作方法来帮助客户成功，而通常糟糕的咨询顾问则一味相信他们一定要直接给出答案，或是跳到教学模式。然而在很多情况下，客户的执行层或领导者往往心中已有一堆答案。因此，咨询顾问需要使用一套探究流程来引导出答案。麦肯锡的顶尖资深总监都有问对问题的本事。蒂姆说得很巧妙："那些已经做到高层的人，你是不可能教得动的，但是你可以协助他们自己去探索。"那么，什么是对的问题？

一开始很难领会，所以我用一个例子来说明。比如，你要协助某个身居要职的人决定价格。这时候，一般的做法是问一些可以探求因素的问题以便做出诊断。问题可能是：你为什么要涨价？要涨到什么程度，同时原因是什么？什么时候是最佳的涨价时机？这些基本上就是 5W1H 问题——谁（who）、什么（what）、哪里

(where)、何时(when)、如何(how)。这是所谓的第一层问题。或许你会挖掘出更多的为什么，不过这样的问题仍然停留在第一层。举个例子：你为什么要涨价？因为竞争对手涨价了。竞争对手为什么涨价？因为物流成本增加了。为什么物流成本会增加？这样问下去你就能得出这个决策的根本原因。这是一种标准但是费时费力的方式。不过，还有一种更机智的方法。你先假设那个行为（或是任何你打算问的行为）已经完成，然后问：接下来会怎么样？也就是说，你问："假设价格已经涨到位了，那么，竞争对手会如何？长期的盈利能力会如何？其他产品线会如何？这样的话，涨价还有道理吗？"这种问法自然而然会让你引导出有趣的对话。对方可能会因这种更深入的结果导向的思考而打消了之前涨价的念头，或者反倒是受到启发和鼓励而跃跃欲试。此外，这个方法也以省下事先做一堆分析、研究的麻烦，而是直接到第二层问题。蒂姆喜欢把这种思考方式称为一种"博弈论"心境。

在策略性的博弈论思维模式中，你会尽量在采取行动之前往后多想几步。这样一来，你就能用比较多元的解决方式来处理问题。学会问第二层问题可以给你这样的力量。

还有其他方法可以协助别人从不同的角度思考。麦肯锡传授了以下几个引导性问题的问法。

（1）**“要是……的话”的情景假设问法。**这种问法适用于那些处于某种情况或语境之下可能会产生不同前景的情况。例子如下：

- 假设在 X 的状况下，要是你能改变 Y 的话，结果会如何？
- 要是你额外得到 1000 万美元的话，你会有什么不同的做法？

通常你可以接着问：“那么，你现在可以做些什么来达成那个结果？”

（2）**“你要怎么样才相信……”问法。**这种问法适用于检验假设或固守的信念。例子如下：

- 你要怎么样才相信你公司的营收可以达到目前的两倍？

- 你要怎么样才相信绩效最差的那 20% 的员工可以提高生产力?

（3）**“站在别人的立场”问法。**这种问法是通过一个类似但有所不同的框架来找出目前的假设或逻辑潜在的缺口。例子如下：

- 如果竞争对手站在你的立场，他会怎么做?
- 如果你的继任者现在上任接替你的 CEO 位置，他会怎么做?

（4）**“选择与替代方法”问法。**这种问法用于提出替代方案，聚焦于目前提议选项以外的途径。例子如下：

- 你跟我说了 3 个达成目标的方法，还有什么方法可以让我们达成想要的结果?
- 还有什么比较好的做法?

这种问题并不是列出“选项 A、B、C”，而是开放式的，这可以迫使对方动脑思考。

（5）**“实际可行的下一步”问法。**这种问法可以引导出具体步骤来达成目标，也有助于发现潜在障碍或风险。例子如下：

- 聘请 100 个新员工且让目前 10% 的员工走人，做这件事会有什么阻碍？
- 接下来会如何？从现在开始会由谁来主导？

问对问题对任何人来说都很困难，因此，有能力问对问题的人就能脱颖而出。以上 5 种引导式问法可以帮助你开始往正确的方向上思考，试着练习看看。切记要提出思考过的问题，而不是你脑子里存好的“题库”。要做到三件事：首先，积累行业或职能方面的经验；其次，培养对客户、语境、个人的敏锐度；最后，尽快进入第二层问题。

原则 45　学习简化笔记

我在加拿大蒙特利尔执行一个项目时结识了来自芝加哥的项目经理金。她的笔记非常整洁，每个重点下面只有寥寥几个字，每一页的空白比字迹还多，这么有趣的现象让我想不注意都难。从那以后，我开始留意我们在会议上听到的内容以及她记的笔记。举个例子，我们同时听到："我们 2 月 27 日要开一个研讨会，将邀请 3 位部门主管参加，讨论详细对策、学到的经验教训、新的流程、必要的资源和完成期限，每项各讨论 1 小时，同时也要草拟下一步骤的提案、预定接下来两个月的 3 场核心会议，参会者不会超过 20 人。"而金的笔记写下"2 月 27 日研讨会，详细提案，下一步"，就这么简单。反观我，则是忙着记录每个细枝末节，就怕漏掉重点。然后，在我们内部举行的一个解决问题的会议上，一件怪事发生了：金写在白板上的字跟她笔记上写的一模一样，但是口头复述却能说出完整的内容与细节，令我十分震惊。隔天，我刚好跟资深总监卡雷尔一起参加一场重要会议，参会者有好几位副总和CEO。卡雷尔带了一个更小的黑色笔记本，出于好奇，我趁他翻笔记本的时候很快偷瞄了一下。同样是很精简的笔记（只是因为用草书写的而有些乱），这下我知道自己有东西要学了。

我去问金的时候，她先是微笑以对，很高兴我注意到这个特殊技巧。她说精简笔记是一种强化训练大脑的方式。

首先，精简笔记不只会强迫你去记住事情，事实上还能让你更聚焦于当下的讨论。她说："这就是为什么资深领导者总是在现场更加投入（对比新手）。"金也很早就学到，资深领导者不仅在重点下面只记录寥寥几个字，就连重点也列得比她的少。当时她认识到要剔除"夹杂在真正重点里的那些看似很重要但不必要的内容"，以此来训练自己优先级排序的能力。

其次，精简笔记有助于清楚地整合重点。很显然，你必须通过尝试和测试，不过当你努力简化笔记，你就会学会用某些"行话"。看到这些用语，你马上就能回想起对话内容，就像你会记得最喜欢的歌曲歌词一样。当你开始唱到威猛乐队（Wham）的歌词"去年的圣诞节，我把心给了你”（Last Christmas, I gave you my heart），接下来的歌词也一定自然而然地脱口而出：“但隔天你就将它丢弃”（and the very next day, you gave it away）。行话可以帮助你记得上下文的内容。

最后，精简的笔记可以让你更容易将信息传达给他人，而且让信息更容易被听众理解。如此一来，你传达的信息容易被记住更久。举个例子，“全球市场复杂的产品设计和特性标准阻碍我们打入某些中国城市”比“打入中国城市时避免过度设计”更难记，后者把原本 28 个字缩减成只剩 13 个字。

练习笔记精简时，有以下几件事可以做：

（1）首先，买一个价值不菲的笔记本，这样你才会珍惜每一页。要买小一点的笔记本，不过要比口袋大。我通常建议买黑色皮革或名牌笔记本，因为看起来比较专业。

（2）尽早担起责任。在参与人员众多的环境下，积极、仔细聆听很难，尤其是在你不需要担起责任的时候就更难了。

（3）利用零风险的机会来练习。反馈会议很适合拿来练习笔记精简，培训会议更好。大部分公司全年都会有培训会议，这是你练习笔记精简技巧的好机会。

（4）请同事帮忙。把培训会议或对话重点的笔记复述给同事听，看看你漏掉哪些内容。

（5）给自己一些时间练习做笔记的能力。我们在求学过程中，一再被教导要把笔记做“好”。而所谓好笔记，通常是又长又细的记录。但是，记得把笔记做得精简一些，这是为了培养更好的记忆力、聆听能力、优先级排序的能力。

从长期来看，只吸收重点的人能记住更广泛的信息。如果你像我一样，曾经纳闷为什么资深领导者总是能同时处理这么多不同的主题、商业问题和人员问题，那么答案也许就是他们能用精简的字区分大量的信息。他们只需要抓住某些“线索”就能解开潜藏在底下的大量信息。如果你也能做到这点，就能在职业生涯的早期取得优势，长达两个多小时的会议也会变得可以忍受，因为你已经精通简化笔记的技巧。明天就开始练习吧！

原则 46　迎接焕然一新的人生

人生不会永远都照着计划走。你可能很想在媒体行业长期工作下去，但你的团队领导是个会霸凌人的变态；你也许想出国念书，但你打算去的国家那一年发生了暴乱，父母说那里不安全，劝你不要去；你眼看就要获得提拔，公司却突然从外面请人来填补那个职位。人生确实就像电影《阿甘正传》的男主阿甘所说，“像一盒巧克力”，你永远不知道在前方等着你的是什么。不过，人生更充满惊奇的部分是：你也许想要或渴望的东西随时都在改变，这也是为什么不管你是否愿意，具备一种可以让你更有韧性、适应能力更强、容许自己重新开始的心态很重要。

自我定义（self-definition）的改变是很好的起点。你知道吗？我们对自我定义以及相应的价值观判断随时在变。举个例子，前不久我对一位非常成功的人士说了几句仰慕赞美的话。他在一所颇负盛名的大学教过书，出版过好几本书，也曾经在一家受人尊敬的公司担任重要职位。我告诉他，他能同时在这么多事业上取得非凡的成就，实在超乎想象。他的回答是："这根本比不上我和孩子相处的时间。"提到他的孩子时，他的言语透出满足感，脸上露出真心的笑容，于是我很快就把话题转到孩子上。年纪对自我定义与自我价值判断绝对有很大的影响。再举个例子，20～35 岁时，你主要忙于追求事业的成功，想尽可能用最快速的方式获得成功。在这个阶段，你通常会以事业成就大小来衡量成功与否。35 岁到 40 多岁时，你看重的价值可能会转移到其他事物上，如家庭、兴趣、社会贡献等。45 岁到 50 多岁时，你通常会更加重视朋友和健康。你想要的东西也会随着年纪而改变。因此，你为他人和自己创造价值的方式也会随之改变，对成功的定义最后也会改变。

在改变的每个阶段，每个人都应该相信自己的优先排序并不奇怪。不像以前那样把重心放在事业发展上并没有什么错，把重心放在追求自己的兴趣或社会贡献上也没有错。重点是一旦意识到自己心态上的转变，就要有重塑自我的能力。

在麦肯锡，咨询顾问随时都必须重塑自我，大多是通过个人选择。有些人决定调到海外，还有些人试图转换角色。有些董事或总监可能会在大客户突然决定转型或消失的时候，跳槽到一个全新的行业。不论跨越的范围和幅度有多大，都是在考验个人的可塑性。转型成功的人会存活下来，开辟出自己的新道路。

据一位在麦肯锡服务 20 年的资深总监说，他的职业生涯经历过四次重大的“新生”。第一次是他到中国香港担任商业分析师，当时他一心想满足自己无限的冒险“胃口”。第二次是在欧洲从咨询顾问转型为项目经理，他说从商业分析师变成项目经理的过程“是最难忘的一段经历”。第三次是身兼联合创始董事以及区域负责人，从无到有建立麦肯锡在中国的业务。第四次发生于四五年前，他决定加入麦肯锡的智库，把重心放在做研究工作以及中国城市化的影响上。

然而，不管是什么情况，你的价值必定会在新生的过程中快速流失。而在新的环境下重建价值又需要时间，因此了解有哪些事情在你的可控范围之内变得尤为重要。例如，那位资深总监把麦肯锡的业务搬到中国时（第三次转变）面临许多问题，包括语言、当地知识、身为“老外”等。他知道自己手上能打的牌有限，虽然他能说一口流利的中文，但又没有流利到能与当地官员进行深入交谈，而且对文化还不够理解。他回忆：“当时我一次只能专心服务一个客户，顶多两个，不是因为我想这样，而是因为那是我的极限。”事实上，他之所以能拿下矿业大型跨国企业客户，也是得益于那家公司的CEO出面。他回忆：“大部分事情都无法掌控，不过你一定得有能力适应环境。”在他的麦肯锡导师的指导下，他在20世纪80年代中期离开中国，两三年后才得以在中国经济腾飞之际回来。不过不管环境多么困难、机会多么渺茫，他仍然不放弃重新开始的机会。

因此，请随时做好准备面对人生中的新生和重塑。期待改变是很正常的，而你想要追求的东西也会跟着改变。

原则 47　创造自己的领导者“风格”

我必须在本书的结尾说一说这个最重要的主题：简而言之，让一个人晋升到董事层的特质究竟是什么？毕竟，这是我进入商界以来一直迫切想知道的答案。尽管我不能代表整个行业，但我可以把麦肯锡的经历作为启发，说一说在资深领导者眼中什么样的人拥有晋升的潜力。

“你会衡量哪些标准？”我这样问过好几位资深董事和总监。这是很多咨询顾问都感兴趣的主题，尤其是对于在升职边缘的那些资深副董事。我还记得麦肯锡播放过一系列线上视频，像纪录片式引导一样展现整个选拔过程。它们展现了这些镜头：圆桌讨论、候选人的面试点评（有时你甚至可以猜出他们谈论的是哪位候选人）和一位提供内部观点的麦肯锡主持人。

从麦肯锡咨询顾问的角度来看，潜在领导力风格遵循以下四个维度。潜在领导者必须：

（1）**超然卓绝**。这些人有极大的活力去启发和鼓励其他咨询顾问、客户和领导者。他们拥有强大的个人品牌以及辨识度极高的“卓越的客户手段”来吸引客户，以此打造自己特有的麦肯锡激情。

（2）**是解决问题的大师。**“创新的”“有创造力的”“先进的”“高附加值的”“思想领袖”这类词语最适合用来形容这样的人。同时，他们为麦肯锡构建未来的问题解决中心打下了基础。

（3）**极为擅长成事。**他们是有明确专长的终极执行者。客户、咨询顾问、其他同事会针对某个主题来找他们咨询。“如果是关于 X 的事，你就去找他”是最好的形容了。

（4）**有创业精神（在麦肯锡的环境之下）。**这类人会积极主动并释放意志来创造新事物，或将现有操作提升至下一个更高的层次。跟创业家一样，他们很擅长借力和整合，以及在有限的资源、人力和资金等条件下拟订计划。

“能在职场阶梯上快速晋升的人，往往在这四个维度都表现出众。而那些使劲挣扎的人，一般在这四个维度只是表现尚可或者在其中一个维度特别糟糕。”一位董事这样说。你必须把它们看成是一张条形图或者菱形蜘蛛网。你需要在四个维度都表现得高于某个特定门槛，并且一般来说，还得在其中某个领域特别突出。

我相信这四个维度适用于各行各业。很多公司推选领导者时是依据影响他人的能力、创造性思考的能力、成事的能力、大胆跨入新领域的能力。

我想要用一个终极问题作为结束，这是在这段探索领导力成功原则的过程中触动我内心的一个问题：

“你想带来什么，好让你领导的地方变成世界上更好而不只是更大的一个地方？”领导者之所以能成为领导者，是因为他们可以带来一些更好、与众不同且必不可少的东西。

第 5 章

成为思考者和作家

我希望你在看本书的同时也能思考出更多原则。中文有个成语是“举一反三”，意思是可以从一个核心概念推导出好几个事物。这个成语出自《论语》，孔子告诉学生，他只有在学生可以举一反三的时候才会给他们上课。

思考使领导者与众不同

麦肯锡雇用爱思考的人（面试的时候不要说你爱思考，而要展现出来）。思考是我们存在的证据，如同400多年前，法国哲学家、数学家勒内·笛卡尔在《方法论》一书中清晰地说出：“我思故我在。”这个世界有太多东西可以学习。就在今天，有人教我“公司”（coporation）的由来。你知道吗？公司来源于17世纪早期荷兰东印度公司和英国东印度公司这些贸易公司的殖民冒险。这个点子是为了分散船只在危险航海过程中沉没造成亏损的风险。因为它们知道航程中必定会有一定数量的船只沉没，但不知道是哪几艘，于是成立了一个股东团体，每个股东平等拥有并分享整个舰队（或者“公司”）的权利，如此一来，感兴趣的商人可以获得巨大的投资回报，而不必冒着高风险单独在某一艘船只上押注。另外，你知道“创业者”（entrepreneur）的由来吗？这个词源自法语，意思是把某个低收益的东西变成高收益。换句话来说，这个词用得很贴切，因为字面意思就是他们通过发明和创新创造了“额外的价值”。

在中国，东西（thing）这个词写成“东西（east west)”为什么这样称呼呢？若凭直觉猜测会认为是因为贸易在东方和西方都很有活力，其实不然。这个词源自唐朝，当时有两个很大的商业交易和采购市场，称为“东市”和“西市”，彼此紧邻。在唐朝的首都长安（现在的陕西省省会西安)，百姓习惯了说要去东、西市场买东西，这就是“东西”一词的由来。

有许多伟大的哲学家和思想家给我们提供机会进行更深入的思考。不过，不论你现在知道多少，你知道的都还不够，这是真理。你现有知识带来的思考能力限制了你。我们常说的“跳出思维的束缚”这种概念非常重要，它们可以训练你的大脑进而培养无尽的好奇心。

我相信知识源于好奇心。你越是好奇，越会了解更多，也越渴望了解更多。举个例子，你可能也在书上读到过“创新是领导者的核心工作”。那些现在已成为传奇的人物，比如史蒂夫 · 乔布斯——苹果公司口号“非同凡想”（think different）的提出者——也应该会这么说。或者你可能在另一篇文章中读到“找到优秀人才是领导者的核心工作”。一再告诫大家要置身于比自己更聪明的人群之中的杰克·韦尔奇也许会那么说。那么，到底哪个说法比较对？领导者的核心工作到底是创新还是寻找人才？哪种说法都有传奇人物的背书，那么很可能创新和寻找人才都是成为优秀领导者的必备素养。大多数情况下，重要的往往不是事实或证据，而是其中的关联和深意。了解这一点可以带领你更积极地找寻你想要的领导者风格。

在成长过程中，我们常常被教导要多学。虽然这句话没错，但真正的乐趣是从多想开始的：挖掘到想法、事物、事件最本质的层面，然后认真获取其中的内涵和关联。思考，然后学习；学习，然后思考——如此不断循环。如果要挑出麦肯锡咨询顾问和未来领导者之间的一个共同点，那么还是老生常谈，我认为是他们对思考的追求。这对打算投入时间和精力思考这些成功原则的人来说是好消息。

马文 · 鲍尔谈写作的价值

本书结束之前，我想借用麦肯锡最具影响力、最杰出的领导者马文 · 鲍尔的忠告来当作最后道别。麦肯锡公司就是建立在马文的思想和对专业标准不懈的坚持之上的，马文所创建的价值观历久弥新，并引领着一代又一代的麦肯锡咨询顾问。时至今日，大多数同僚，很多在管理咨询界赫赫有名的人物，都仍尊称他为管理咨询之父。所有进入麦肯锡的咨询顾问都会拿到一本他的著作《麦肯锡观点》(*Perspective on McKinsey*)。他在其中写道："我非常早地就自告奋勇撰写研究报告，这让我得到了成为项目经理的机会……这些年来，我一直推荐这种方法并鼓励咨询顾问把他们对麦肯锡的想法写成文字。不算太多的人做了。那些做了的人认为这很值得，他们通常具备其他适合高层次职位所需的特质。"他在那个段落的结尾写道，"高质量的报告很难写，我们往往直接忽略它们，或是以图表辅助来代替。"在他的书中，他引述一位早期的导师——马克（詹姆斯 · 麦肯锡）的话来强调写报告的重要性："除非他们（顾问）能写出有逻辑且清楚的报告，否则我敢说他们的思路一定是模糊的。因此，报告可以被用作最有效的训练工具。”

关乎你未来成长的精髓就在这里：写出你自己的成功准则并把这些想法用一致的架构串联起来，一定要注意质量。这会成为锻炼你未来领导力思维的最有效的工具。

在经历了几个埋头写书的无眠夜后，我突然明白，把架构、关键收获、马上可以使用的行动建议写进每篇文章里是一项既艰难又痛苦的脑力劳动。《异类》一书的作者马尔科姆·格拉德威尔写过，你需要至少一万小时在顶级水平上的练习才可以成为某个领域的专家。克莱夫·汤普森是《纽约时报》科技栏目的记者，他在自己的著作《比你想的更聪明》（*Smarter Than You Think*）里写道：“写作会强迫（职业作家）把模糊的概念提炼成清晰的想法……这就是为什么作家常常发现自己只有在动笔写作时，才能弄清自己想说什么。”我一直认为我的文笔落后于我的想法很远，也一直深受此问题困扰。是这句话解救了我。现在，我很自在地像婴儿一般跨出了几小步。我相信写作是每个有志向的人都应该每天练习的事情。有一天，当你必须把公司备忘录寄给同事时，你会受益颇丰。或者说，我希望如此。

附　录

麦肯锡的组织架构

一般来说，在麦肯锡工作的人都被称为咨询顾问，不论其具体的职位名称。这是一本关于领导力转型的书，尽管我在书中使用了很多麦肯锡内部职级来为成功准则铺垫并组织讨论，然而，如果你不了解管理咨询业的话，这些职级和名称可能就会对你造成困扰。因此，我制作了一个简单的层级架构图（见图 A-1）来回答“每个阶层究竟有什么职责”这个问题。

麦肯锡赖以成功的组织模型

咨询业提供的服务很复杂，而麦肯锡销售的又是其中最高端的服务。耗时数个月的项目可能要花费客户超

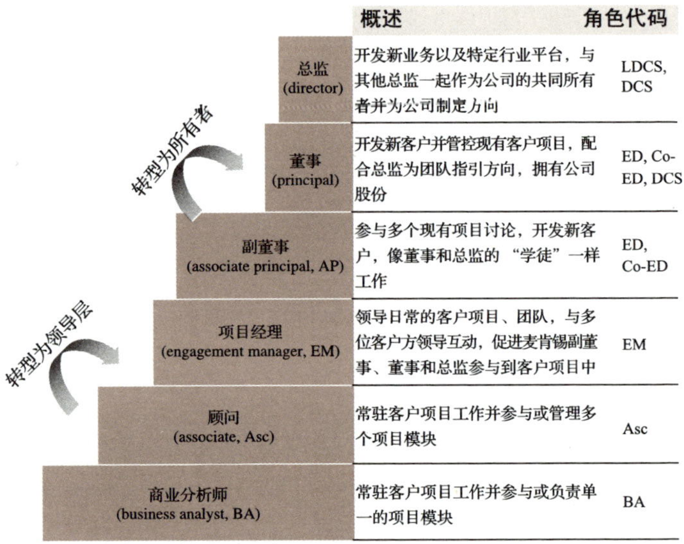

图 A-1　基本的层级架构

注：LDCS——客户项目驻地总监；DCS——客户服务总监；ED——项目总监；Co-ED——联合项目总监。

过百万美元。复杂的服务要花更多时间来销售，同时必须有经验丰富的销售人员和顺畅的渠道。企业对企业（B2B）的销售更是如此。要想达到成功，多股力量必须在多个方面，包括高品牌价值、高绩效文化、一流的人才、独家知识资源、与众不同的组织架构等，共同合作才行。创业家说过，企业之所以能成功，必定有一个原因体现在其商业模式中：如何让人们可以有效地各司其职。对麦肯锡以及其他后来的管理咨询公司来说，我相信成功来自精益的组织架构以及其独一无二的解决问题方法，这两者已经被其他管理咨询公司和企业所效仿。

请注意复杂服务的销售人员是在公司架构的顶端，而不是底端。刚开始发现这种机制时，你会感觉很奇怪。尤其在你当上项目经理时，所有人都指望你担起项目、领导项目，突然之间你必须做的不只是向前迈出几小步了。作为项目经理，你几乎被迫进入“你要处理每一件事”的状态，手上也被塞了一根指挥棒。随着你对麦肯锡以及顶尖管理咨询行业的深入了解，你会慢慢发现，这是一种相当精益、有效的商业模式。这也就好理解为什么高度复杂的对话由最资深、经验老到、训练有素的沟通专家，也就是咨询总监和资深董事来负责了。一个价值200万美元的高潜力项目是一个必须由最优秀的人来主导的机会。因此咨询顾问要一直到职业生涯的尾声才会接触到“销售”职务，而且只能用其最复杂的形式来进行——不是传统的“推式”销售，而是给客户一个理由说出：“嗯……听起来很有趣，您能不能给我发一份刚刚您提到的架构或建议的项目计划书？”咨询顾问为了诱导客户进一步开口询问，会在给出“冰山一角”的答案方面越来越精明，而非把整座冰山全盘托出。这绝对是销售复杂服务所必备的能力。麦肯锡会花数年时间训练顾问这种思维意识和沟通技巧。即使在其他公司有15年工作经验的资深高层，一旦选择加入麦肯锡，仍然需要像一位新咨询顾问一样一步步学起，尽管是使用加速的方法。每一位接受过麦肯锡训练的咨询顾问都很清楚领导能力是如何养成的：首先，增强你的基础技术和能力（也就是解决问题的能力）；接着，用几年的时间磨炼你的聆听能力和沟通能力；最后，将你的心态和个性打磨完美（最难改变的部分），最终你才能具备可跻身领导层的必要能力。虽然本书探讨的是如何转型为领导者，不过，你仍然必须了解你的组织架构的样子，以及它如何运作才对。一般来说，从了解你销售的东西开始是个好起点。除非你是创业者，也就是创始人或CEO，这给予你领导者的位子并让你很清楚自己公司的商业模式，不然大部分人都必须一路慢慢往上爬。因此你必须搞清楚有哪些力量在运作，以及你如何在自己的职位上取得成功。举个例子，有些麦肯锡人会在做到副董事之后离职，因为他们无法掌握或习惯新赋予的“销售”角色，他们宁愿转而寻找成为一个杰出中后台 COO 的领导路径。若要一个组织架构能运作，组织中的人必须获得有效利用。有些组织的运作很糟糕，衍生出大量管理问题，那是因为组织架构并不适用于其业务的本质。举个例子，如果你的公司主要是挨家挨户推销厨房用品，你就不需要很多经理层的人。你反倒需要能更好地提升每个销售人员能力的培训和工具，还需要一套制度来淘汰不胜任职位的销售人员。

麦肯锡的组织模型从其业务本质来说必然会有效。这个模型也解释了为何咨询顾问需要夜以继日地工作。不论资历深浅，每个咨询顾问都扮演着好几个可以无限拓展的角色。资深领导者需要不断地和客户打交道以推进流程，因为业务流程和交付时间都会拖得很长。项目经理以下人员则需要帮助客户展现出其服务的价值。唯一的差别是，资深领导者在完成他们的业绩后可以掌控自己的工作时长，咨询顾问则会依赖于不可控的客户期望。

注 释

前言

1. These numbers come from multiple sources: Del Jones, "Some Firms' Fertile Soil Grows Crop of Future CEOs," *USA Today*, January 9, 2008, http://usatoday30.usatoday.com/money/companies/management/2008-01-08-ceo-companies_N.htm; Kerima Greene, "McKinsey's 'Secret' Influence on American Business," CNBC, September 13, 2013, http://www.cnbc.com/id/101030774.
2. Yahoo! Finance, ycharts.com/companies/AAPL/market_cap.

第 1 章

1. Mark Hurd, "The Best Advice I Ever Got," during his CEO and chairman position at Hewlett-Packard, *Fortune*, August 4, 2008, accessed January 4, 2014, archive.fortune.com/galleries/2008/fortune/0804/gallery.bestadvice.fortune/6.html.
2. My discussion on early risers draws on multiple sources, which drew on further sources like AP, *Fortune*, *New York Times*, etc., in each of the websites. I took the information and created a quick table and analyzed the wake-up time of CEOs. The direct websites were from Tim Dowling, Laura Barnett, and Patrick Kingsley, "What Time Do Top CEOs Wake Up?" April 1, 2013, accessed January 8, 2014, http://www.theguardian.com/money/2013/apr/01/what-time-ceos-start-day; Max Nisen and Gus Lubin, "27 Executives Who Wake Up Really Early," January 11, 2013, accessed January 8, 2014, http://www.businessinsider.com/executives-who-get-up-early-2013-1?op=1; Kylepott, comment on Jim Citrin at Yahoo! Finance survey, "The Daily Routine of 17 CEOs," *Lifehack Blog*, accessed January 9, 2014, http://www.lifehack.org/

articles/lifestyle/the-daily-routine-of-17-ceos.html.

3. Phil Ament, "Thomas Alva Edison," *The Great Idea Finder*, October 28, 2005, accessed December 28, 2014, http://www.ideafinder.com/history/inventors/edison.htm.
4. Eric Finzi, "How Smiles Control Us All," *The Atlantic*, January 30, 2013, accessed June 22, 2013, http://www.theatlantic.com/health/archive/2013/01/how-smiles-control-us-all/272588/.
5. Ken Eisold, "Unreliable Memory: Why Memory Is Unreliable, and What We Can Do About It," *Psychology Today*, March 12, 2012, accessed August 3, 2015, https://www.psychologytoday.com/blog/hidden-motives/201203/unreliable-memory; Laura Englehardt, "The Problem with Eyewitness Testimony," *Stanford Journal of Legal Studies*, April 5, 1999, accessed August 3, 2015, http://agora.stanford.edu/sjls/Issue%20One/fisher&tversky.htm.
6. Tim Bradshaw, "Lunch with the FT: Brian Chesky," December 26, 2014, accessed Jan 1, 2015, http://www.ft.com/cms/s/0/fd685212-8768-11e4-bc7c-00144feabdc0.html; past discussion with my colleague from Groupon who moved to Airbnb sparked this example; Phil Ament, James Dyson, *The Great Idea Finder*, March 20, 2006, accessed January 28, 2015, http://www.ideafinder.com/history/inventors/edison.htm; Jeff Dyer, Hal Gregersen, and Clayton M. Christensen, *The Innovator's DNA: Mastering the Five Skills of Disruptive Innovators* (Harvard Business Review Press, 2011).
7. Sahoj Kohli, "How walking Can Make Your Brain Healthier—and More Creative," *The Huffington Post*, September 8, 2014, http://www.huffingtonpost.com/2014/09/08/how-walking-improves-your-brain-health-and-creativity_n_5786560.html; Alison Griswold, "To Work Better, Just Get Up from Your Desk," *Forbes*, June 12, 2012, accessed January 10, 2015, http://www.forbes.com/sites/alisongriswold/2012/06/12/to-work-better-just-get-up-from-your-desk/.

第 2 章

1. John Medina, "Attention," *Brain Rules*, http://www.brainrules.net/attention/?scene=1; see also his videos on "A perfect commercial" of Apple's 1984 commercial (video log page: 9/9), or visit YouTube, 1984 Apple's First Macintosh Commercial, https://www.youtube.com/

watch?v=OYecfV3ubP8.
2. Stephen E. Kaufman, *The Art of War* (Vermont: Tuttle Publishing, 1996).
3. Stephen R. Covey, *The 7 Habits of Highly Effective People: Powerful Lessons in Personal Change* (New York: Simon and Schuster, 2004), 41.
4. Maya Angelou, *Letter to my Daughter* (New York: Random House, 2008), Kindle edition.
5. Charles Duhigg, *The Power of Habit: Why We Do What We Do and How to Change* (London: Random House, 2012), 129–135.
6. Sheryl Sandberg, *Lean In* (New York: Alfred A Knopf, 2013), 89–90.
7. Robert Keegan and Lisa Laskow Lahey, *Immunity to Change* (Boston: Harvard Business Press, 2009), 14–15.

第 3 章

1. Laura Vanderkam, "Stop Checking Your Email, Now," *Fortune*, October 8, 2012, accessed July 7, 2013, http://fortune.com/2012/10/08/stop-checking-your-email-now/.
2. Marlene Caroselli, *Leadership Skills for Managers* (New York: McGraw-Hill, 2000), 71.